邪馬台国へ一直線。

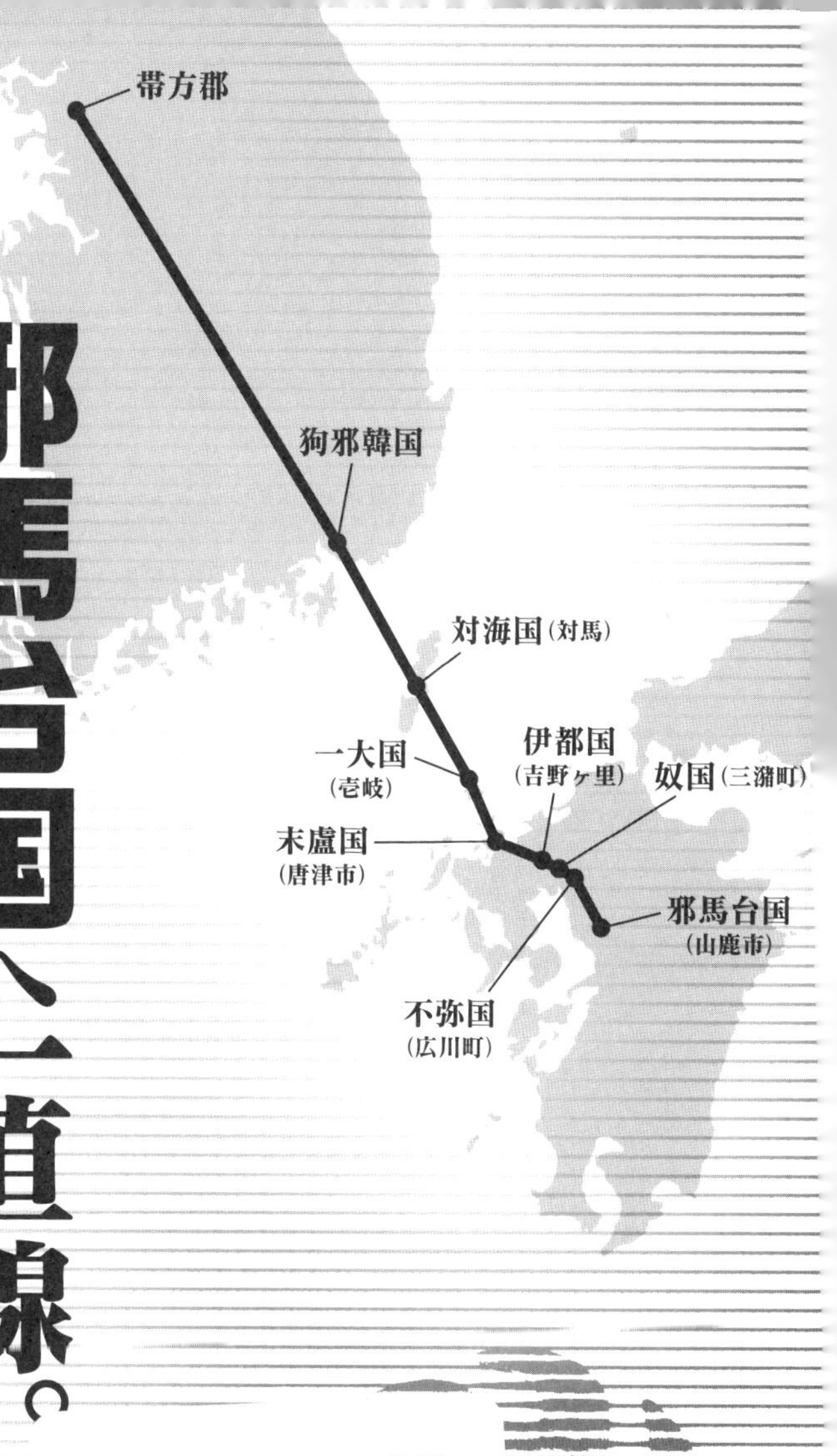

田沢正晴

文芸社

まえがき

誰もがその名は知っている邪馬台国。しかし二十一世紀になっても、江戸時代から続くその所在地論争に、決着はついていない。考古学の分野では、近年奈良県桜井市の纒向《まきむく》遺跡で王宮を思わせる建物や水路を持つ遺跡が発見され、さらに箸墓《はしはか》古墳などの前方後円墳はここを発祥として全国に広がったと考えられることから、邪馬台国が三世紀中葉、纒向にあったことを有力視している。

一方、文献史学の見方では魏志倭人伝を読み解いて、邪馬台国は九州北部にあったとする説が多くを占める。

「事実」は一つだが、「真実」はそれを信じる人の数だけあると言う。

私は、考古学も歴史学も専門として学んではいない。いわゆるアマチュアの古代史愛好家である。古代史を楽しむことが目的であって、決して自説を認めてもらおうなどとは考えていない。しかし、権威に縛られない自由な立場だからこそ、新しい発想が生まれ、それを多くの人に伝えられるのだと思う。自分なりの「真実」ではあるが、これを「事実」により近いと感じていただける方が少数でもおられれば素直に喜びたい。

本稿では、帯方郡《たいほうぐん》（現在のソウル付近）から邪馬台国までの行程を中心に考察し、そこから日本列島に「日本」と呼ばれる統一国家が形成されるまでの背景を探っていこうと思う。弥生後期から古墳時代までの古代史は、文献資料が乏しいこともあり、定説と言われる学説にも未だ再考の余地があると考えている。

本稿の要点でもあり、専ら定説、通説と異なるものを次に挙げる。（レア はレア説）

（1）レア 伊都国は末盧国の東南の吉野ヶ里付近である。糸島ではない。（図1）

（2）レア 邪馬台国に接する位置に、強大国である筑紫国があった。

（3）レア 里数（万二千里）と日数（水行十日陸行一月）を合算しない「異単位とは合算できない原則」を用いれば「放射説」を使わずに、九州北部の邪馬台国に無理なく到達できる。日数の起点も里数の起点と同様に帯方郡である。

（4）新説 邪馬台国は、始めは熊本県山鹿（邪馬嘉国）にあったが、南方から狗奴国に攻められたため、福岡県八女（邪馬壱国）に遷都した。

（5）新説 八女の邪馬台国は邪馬壱国が正しい。「やまゐ」音は連母音融合によって「や

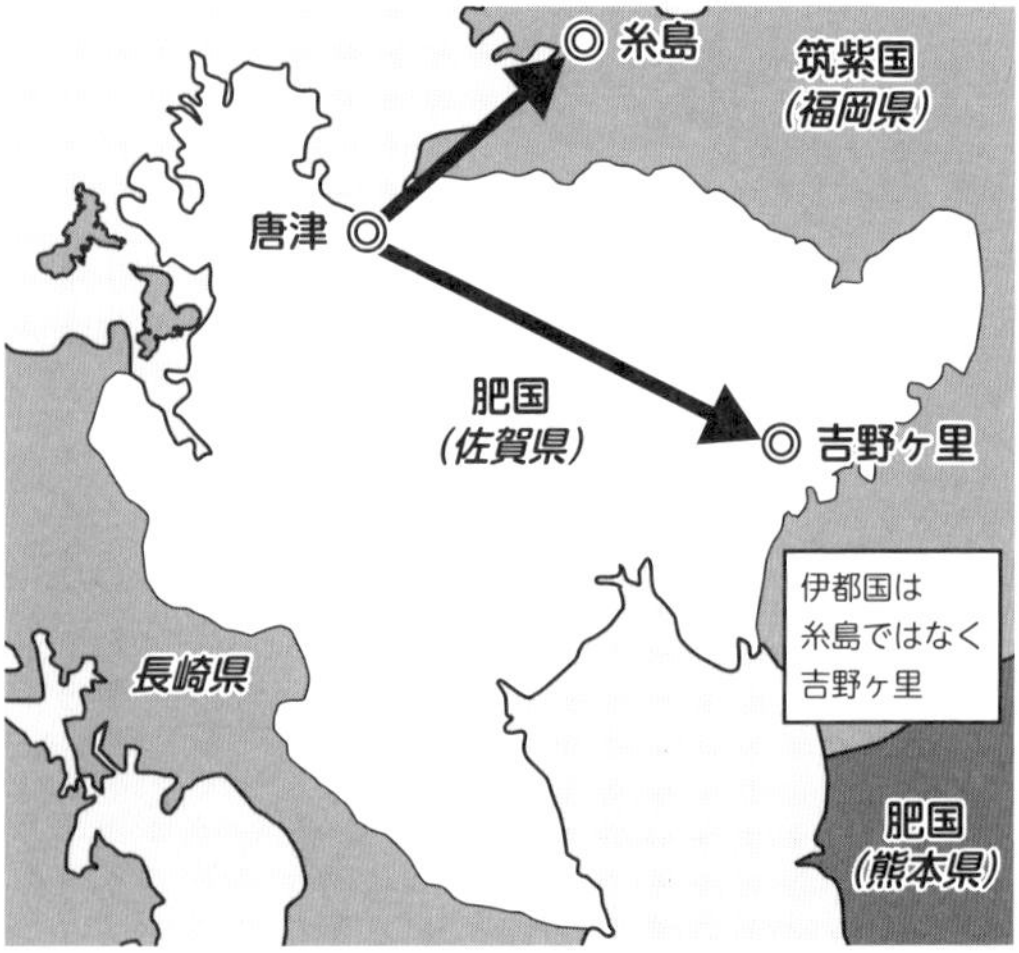

図1　唐津、吉野ケ里、糸島の位置関係

め」(八女)に変化した。連母音融合とは「赤い」を「あけー」のように言う。

(6)邪馬台国は、三世紀の日本における中心国でも、大国でもなかった。隣国の筑紫国をはじめ、ヤマト、出雲、吉備などと同様の一地域王国であった。

(7)アマテラスを祖とする天孫系集団は、筑紫に王朝を建てた。アマテラスの五代孫の神武は、二六〇〜二八〇年頃筑紫からヤマトへ東遷し、三輪王朝を建てた。その兄の崇神は筑紫に残って筑紫国(イリ王朝)を開いた。

(8)レア 邪馬台国は、筑紫国(タラシ王朝)の神功によって三六〇年頃滅ぼされた。

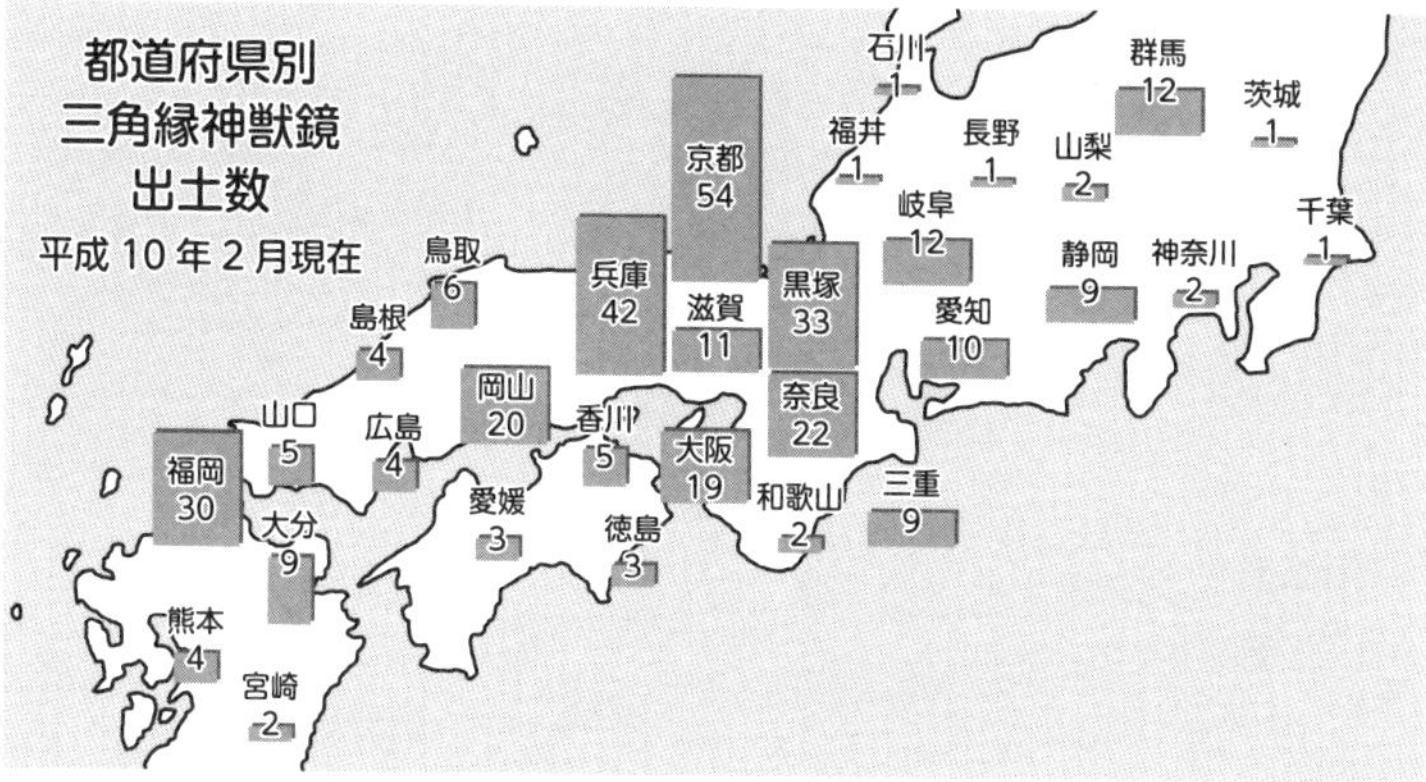

図2　都道府県別三角縁神獣鏡出土図　制作：井上筑前氏（櫂考研より引用。数値はやや古いものとなっております）

（9）四世紀後半以降、ヤマト国（三輪王朝）が主体となり、前方後円墳や三角縁神獣鏡（図2）を用いた宗教同盟（イオニア同盟）を地域王国に広げた。

（10）筑紫国の応神は、筑紫から東遷し、ヤマト王権（河内王朝）を建てた。

論考を進めるにあたっては、従来の定説、通説にとらわれず、例えば伊都国は糸島市との固定観念は持たず、論理的、合理的、科学的な考察を行うよう努めた。特に、魏帝はなぜ、小国である邪馬台国に金印紫綬を授けたのか、ヤマト国（三輪王朝）はなぜ交通の利便性の高い海岸ではなく、内陸の奈良盆地に王都を定めたか、などの古代史の謎、疑問点に適切な回答が与えられるよう、ロジカルに考察を深めていきたい。

目次

第一話　倭国

一．倭人と倭はどう違うか

古代史の研究、検討にあたっては当然、文献資料と考古資料を併用する。文献資料には、中国の歴史書では正史と呼ばれる漢書、三国志、後漢書、宋書、隋書などと、翰苑《かんえん》などの類書（文例集）がある。朝鮮半島に残る三国史記、さらにわが国の古事記、日本書紀も参照すべきである。

これらの中で邪馬台国について、最も詳しく記述しているのは、魏志倭人伝であるので、まずこの書をひもとくことから始めたい。魏志倭人伝とは、中国の歴史書「三国志」（撰者は陳寿）の中の「魏書」第三十巻烏丸鮮卑東夷伝にある倭人条の通称である。全千九百八十四文字で、次のように三部で構成されている。

行程	五百五十六文字	帯方郡から邪馬台国までの国と行程
習俗	六百五十二文字	倭人の風習、風俗、自然、産物
政治・歴史	七百七十六文字	倭国乱、卑弥呼共立、朝貢の歴史

「三国志」の「魏書」は、三国の魏（二二〇～二六五年）の正史である。この「魏書」の最終巻である巻三十の烏丸鮮卑東夷伝では、烏丸《うがん》、鮮卑《せんぴ》、夫餘《ふよ》、高句麗、東沃沮《とうよくそ》、挹婁《ゆうろう》、濊《わい》、韓、倭人の九つの地域（**図3**）のことが書かれている。

九つのうち、八つは「人」がついていないのに、倭だけは不思議なことに「倭人」としている。

今、軽率に九つの「地域」と書いてしまったが、倭人以外の八つは国名のようにも見え、王や高官が統治する国のような集団であるとも推察できる。しかし、倭人だけが他と異なり、倭とか倭国のような国名的な呼び名ではなく、人種か民族と思われる「倭人」と言う

図3　邪馬台国の時代の朝鮮半島（筆者推定）

呼称となっている。なぜだろう。

二．なぜ陳寿は倭人と倭を区別したのか

倭の文字の初出は、中国の正史以外では後漢時代の「論衡《ろんこう》」であり、周の時代に倭人が来て暢草《ちょうそう》（ウコンか）を献じたと記されている。正史では、後漢初頭（西暦九二年）に書かれた「漢書」地理志（撰者は班固）がある。

樂浪海中有倭人　分爲百餘國　以歳時來獻見云（漢書地理志燕地条）

楽浪海中に倭人あり、分かれて百余国と為し、歳時をもつて来たりて献見すと云う。

有名な漢書のこの一文に「倭人」とある。片や、魏志倭人伝（陳寿）には、

倭人在帯方東南大海之中　依山島爲國邑　舊百餘國　漢時有朝見者今使譯所通三十國（魏志倭人伝）

倭人は帯方郡の東南、大海の中に在り、山島に依って国邑としている。もとは百余国。漢の時に朝見する者があり、今（記述の時点では）三十国が使者を通わせている。

とあり、魏志倭人伝の撰者である陳寿も漢書を踏襲して「倭人」としたと言うのが通説である。確かに書き方はそっくりではあるが、踏襲だけがその理由だろうか。「倭」とすべきところを敢えて「倭人」としたのには、何か理由があるように思えてならない。まず思い浮かぶのは、陳寿は倭と倭人を区別したかったのではないかと言うことだ。倭は朝鮮半島南部と九州全域であり、倭人は倭に倭種を加えた日本列島と考えられる。なお、倭国、邪馬台国（女王国）はいずれも倭の一部で、私は倭国を肥国（肥前・肥後）と想定する。また、倭種については、魏志倭人伝に次の記述があり、豊後水道の東にも倭人がいたことを記録している。

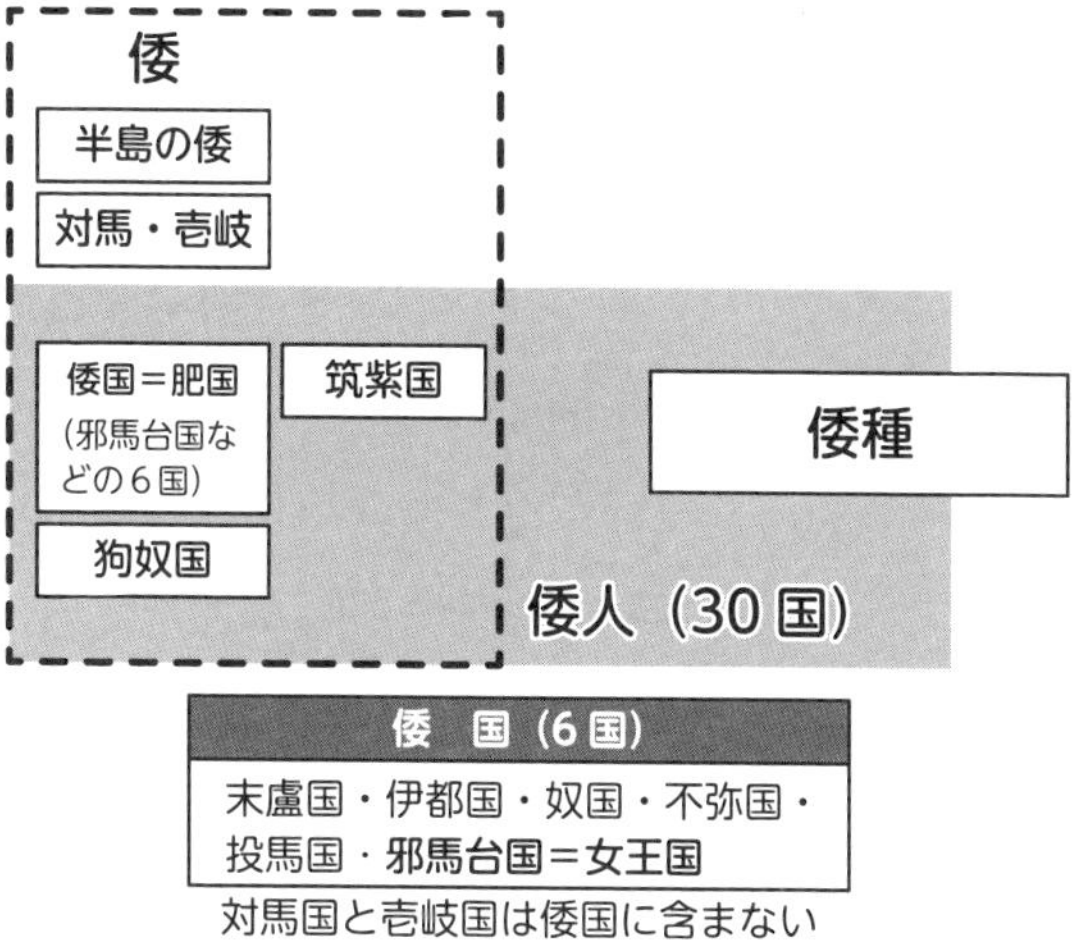

図4　倭人・倭・倭国の使い分けのイメージ図

女王國東　渡海千餘里　復有國皆倭種

女王国の東、海を渡って千余里行くと、また国が有り、みな、倭種である。

陳寿は「倭国」と「倭」、そして「倭人」を区別したかったのだ。なぜなら、倭の中には倭国（邪馬台国などの六国）の他にも、筑紫国や狗奴国があったが、陳寿は筑紫国に触れたくなかったのだろう。その理由としては、魏または帯方郡は、筑紫国に冊封《さくほう》を持ちかけたが、筑紫国に拒否されたためと思われる。

三、朝鮮半島南岸にも倭があった

「三国志」魏書東夷伝の倭人の条の前に韓の

条（韓伝）がある。この中に「倭」が四か所表出するので次に引用する。

①韓在帯方之南　東西以海為限南與倭接

韓は帯方郡の南にある。東西は海をもって限りとなし、南は倭と接する。

②是後倭韓遂屬帯方

この後（二〇四年の公孫氏による帯方郡設置後）、倭と韓はついに帯方郡に属した。

③國出鐵韓濊倭皆従取之

国（辰韓）には鉄が出て、韓、濊《わい》、倭がみな、従ってこれを取っている。

④其瀆盧國與倭接界

その（弁辰の）瀆盧《とくろ》国は倭と界を接している。

①と④によると、倭は朝鮮半島の南岸にあることは明白である。しかし、この倭がどのような政治体制かは不明である。王や官の有無にも触れられていない。

このことから半島南岸の倭は、倭人の交易拠点にすぎないとの見方もある。

②と③の倭は半島内にとどまらず、九州を含めた倭と読めるし、そのように読む方がむ

しろ正しいと考える。なお、②の「帯方郡に属した」は、郡へ朝貢するようになった、の意と解する。

韓伝の次の倭人伝においても、倭が半島南岸にあったことが記されている。

⑤従郡至倭　循海岸水行歴韓國　乍南乍東　到其北岸狗邪韓國

帯方郡から倭に至るには、水行で海岸を循《めぐ》って韓国を経て南へ、東へ、〔倭の〕北岸の狗邪韓国に到着する。

狗邪韓国は韓伝にも弁辰狗邪国と記され、倭の支配地域だったので、「其北岸」は「倭の北岸」と言うことになる。次に後漢書を引用する。

⑥建武中元二年倭奴國奉貢朝賀使人自稱大夫　倭國之極南界也　光武賜以印綬

建武中元二年（五七）、倭奴国が貢を奉り朝賀した。使者は自ら大夫と称した。倭国の最南端にある。光武帝は印綬を賜った。（後漢書巻八五　列傳巻七五　東夷傳）

年代は遡《さかのぼ》るが、西暦五七年に倭奴国が倭国の極南界であるとの「後漢書」の記事がある。

⑤の北岸と⑥の極南界を重ね合わせれば、倭は半島南岸と北部九州にまたがる地域で活動

する海峡国家だったと考えるのが順当であろう。

四．倭人、倭、倭国の倭人伝での使い分け

「三国志」魏書東夷伝の韓伝と倭人伝に、倭人、倭、倭国の語がそれぞれ何回現れ、どのような使われ方をしているかを検証した。

（1）倭人	**倭人在帯方東南大海之中** 倭人は帯方郡の東南、大海の中に在りと記されているので半島の南岸は含まず、九州と本州西部、四国を指していると考えられる。
（2）倭	意外なことに、右記の①～④の韓伝と⑤の倭人伝の計五か所にしか「倭」は出現しない。この五か所の「倭」には半島南岸と（北部）九州が含まれる。なお、この五つの倭以外は皆、倭王、倭地、倭水人、倭女王、倭難升米などとすべて複合語になっている。ちなみに倭王は五回登場するが、すべて卑弥呼を指す。
（3）倭国	「倭国」は次の三か所のみ現れる。 ・王遣使詣京都帯方郡諸韓國及郡使**倭國**　皆臨津捜露

・**倭國**亂相攻伐歴年
・正始元年　太守弓遵　遣建中校尉梯儁等　奉詔書印綬詣**倭國**
訳は、次のとおり。
・（女王以前の邪馬台国の）王が使者を派遣し、魏の都や帯方郡、諸韓国に行く時、及び帯方郡の使者が**倭国**へやって来た時には、いつも（この大率が）港に出向いて調査、確認する。
・**倭国**は乱れ互いに攻撃し合って年を経た。
・正始元年（二四〇）、（帯方郡の）太守、弓遵は建中校尉、梯儁等を遣わし、詔書、印綬を奉じて**倭国**に詣った。
この三つの倭国は、一つ目は伊都国、二つ目は邪馬台国（女王国）連合、三つ目は邪馬台国と考えられる。特別に書き分けている様子はない。

（4）女王国

「女王国」が現れるのは次の五か所。
・皆統屬女王國
・自女王國以北　其戸數道里可得略載
・自郡至女王國　萬二千餘里
・自女王國以北　特置一大率検察

・女王國東　渡海千餘里　復有國皆倭種
訳は、次のとおり。
・（伊都国の代々の王は）みな女王国に従属している。
・女王国より以北は、その戸数や距離のだいたいのところを記載。
・郡より女王国に至る。万二千余里。
・女王国より以北は、特に一大率を置き検察。
・女王国の東、海を渡って千余里行くと、また国が有りみな倭種である。
判断は難しいが、五か所とも女王国は邪馬台国を指すと思われる。

さて、ここまでの検証をまとめると、先に想定したとおり陳寿は倭人、倭、倭国をそれぞれ区別し、使い分けていたことがお分かりいただけたと思う。（図4）

ちなみに、松本清張氏（一九〇九～一九九二）も「陳寿は南朝鮮にあるほうは『倭』とし、日本列島の倭国伝は『倭人伝』と題名し両者の混同を避けた。」と『古代史疑』（中央公論社　一九六八年）で述べている。

第二話　帯方郡から末盧国まで

一・帯方郡を出発し対海国へ

それではいよいよ、魏志倭人伝の旅の、文字通り船出である。

従郡至倭　循海岸水行　歴韓國　乍南乍東　到其北岸狗邪韓國　七千餘里

帯方郡から倭に至るには、水行で海岸を循《めぐ》って韓国を経て南へ、東へ、七千余里で〔倭の〕北岸の狗邪韓国に到着する。

朝鮮半島内の旅程を記述しているのであるが、水行であれば乍南乍東〔南に行ったり東

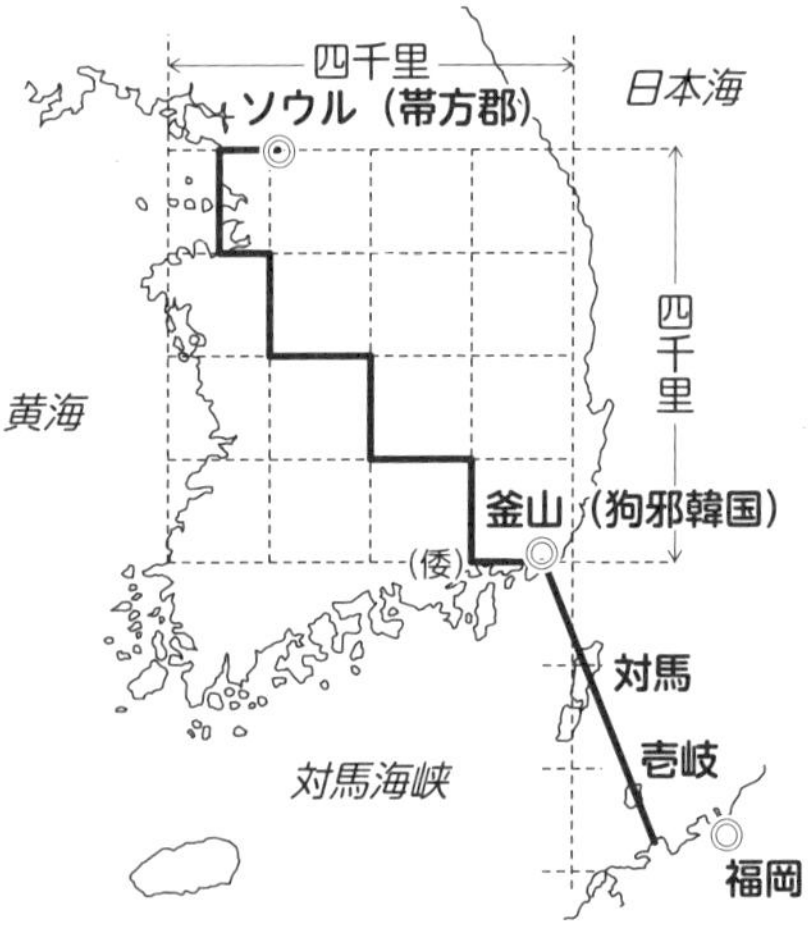

図5　帯方郡から狗邪韓国までが七千里とすると海路よりも陸路に説得力がある。ジグザグに進めばちょうど七千里となる。韓伝が記す方四千里とも整合する。

に行ったり）ではなく、「南行した後、東行」と書くだろう。乍南乍東としているので、半島内を狗邪韓国までは陸路をとった、との古田武彦氏（昭和薬科大学教授　一九二六〜二〇一五）らの説もある。本稿は、帯方郡から邪馬台国までの経由地が一直線上に並ぶと考えているので、陸路説に従いたいところだ。**（図5）**

　では、なぜ「水行」としたのか。帯方郡使の倭への派遣は、二四〇年と二四七年の二回行われている。水行と明記されているからには、二回の派遣のどちらかは水行のルートだった。つまり、陸路説も海路説もどちらも正しいと見るべきだろう。

始度一海千餘里　至對海國　其大官日卑狗　副日卑奴母離　所居絶島　方可
四百餘里　土地山險　多深林　道路如禽鹿徑　有千餘戸　無良田　食海物自活
乗船南北市糴

始めて海を千余里渡ると、対海国（対馬国）に至る。大官は卑狗、副官は卑奴母離。絶島で四百余里四方の広さ。千余戸が有る。山は険しく、道は獣道のようで、林は深く、良い田畑がなく、海産物で自活。船で南北岸の市へいく。

始めて海を千余里渡ると、対海国に至るとある。最もよく目にする紹熙本《しょうきほん》では、この「対海国」であるが、現存する最古の底本である紹興本《しょうこうほん》では、「対馬国」となっている。どちらが正しいのだろう。

二．紹興本と紹熙本

本題からはそれるが、魏志倭人伝を読み進めるうえでとても重要なことなので、ここで三国志の成立過程と版本について触れることとする。

三国志の三国とは、よく知られているとおり魏呉蜀のことで、後漢が滅亡した二二〇年に「魏」が興り、翌年「蜀」が、そしてその翌年の二二二年に「呉」が興る。魏は二六五年にわずか四十五年で晋（西晋）に禅譲する。魏志倭人伝は、魏の時代である二二〇年から二六五年の出来事を記録しているのであるが、その期間に完成したわけではなく、陳寿により三国志が成立したのは、西晋による中国統一後の二八〇年以降と言われている。

二八〇年当時の原典は、散逸して存在していない。現存するのは、著名なものでは十二世紀の百衲本《ひゃくのうほん》がある。これは異なった版本を寄せ集め、欠落を補うことで、完本としたものである。百衲本（宋本）のうち、紹興年間（一一三一～一一六二年）の刻本が最古の底本と言われ「紹興本」と通称されている。その後の紹煕年間（一一九〇～一一九四年）の刻本は「紹煕本《しょうきほん》」と称されており、われわれが最もよく目にする版本である。本稿は紹煕本を用いた。（注1）

紹興本と紹煕本のどちらが正しいか、と言う議論の前に、百衲本以前の魏志倭人伝の一部を引用している日本書紀の記事を見ておこう。

日本書紀の神功皇后摂政卅九年条に、「魏志云　**明帝**景初三年六月倭女王　遣大夫**難斗米**等　詣郡　求詣天子朝獻　太守**鄧夏**　遣吏將送詣京都也」と書かれていることから、書紀の著者は魏志倭人伝を見ていたことは確かである。

　本稿では景初二年説を採るが、日本書紀を根拠にして、「魏志倭人伝の景初二年は三年の誤り」と言えなくもない。もう一つ、書紀の「難斗米」は、魏志倭人伝では「難升米」であり、原典が難斗米だった可能性もゼロとは言えない。さらにもう一つ、帯方郡太守は劉夏が正しいのに、なぜか鄧夏と誤記している。

　今われわれが見ている百衲本の魏志倭人伝は十二世紀の版本であり、これを原典と考えるのは無理がある。九百年も経っているのだから、紹興本、紹熙本、日本書紀を見比べれば、原典からの誤写、改訂などの可能性は右記で見てきたように、十分あり得る。

　何が言いたいかと言うと、誤写、改訂があることを否定はしないが、研究者自身の事情や都合で、軽率に「この部分は信用できない、明らかに間違いである」と断定しないでほしい、と言いたいのである。感情的、立場的な判断ではなく、合理的、論理的な解釈を望みたい。

　それでは話を戻して対海国か対馬国か、を先入観にとらわれず冷静に検討してみよう。

三、なぜ対馬は対海国、壱岐は一大国か

対馬の北（上島）を「対馬」、南（下島）を「対海」と当時の一部の住民は呼称した、との仮説を提起したい。北側は「馬」韓に対峙しているので「対馬」、南側は「海」峡に相対しているので「対海」である。さらに、この島は朝鮮半島に近く、交易、外交などに関わる一部住民は日常的に漢字に接していたと考えられる。対海、対馬が漢字で表記されても、遣使とこれらの一部住民は互いに漢字によるコミュニケーションが可能だったのではないか。

以上の考察から、対海と対馬の両方が存在したとすれば、紹興本の「対馬国」も、紹熙本の「対海国」のどちらも間違っていないことになる。誤写、改訂との早計な即断は避け、本稿ではこのようにして慎重に考察を進めていく。

なお、対馬と壱岐の間に「瀚海《かんかい》」と呼ばれる海が、このあと登場する。ここに海の名称を残すそれほどの必然性はないにも拘らず、それを強調するのは、「対海」の名の由来を説明したかった、と言う帯方郡使または陳寿の意図が強く感じられる。

さて、その瀚海を渡った先にあるのが一大国である。

又南渡一海千餘里　名曰瀚海　至一大國　官亦曰卑狗　副曰卑奴母離　方可三百里　多竹木叢林　有三千許家　差有田地　耕田猶不足食　亦南北市糴

また南に瀚海と呼ばれる海を千余里渡ると一大国に至る。また長官を卑狗と言い、副官を卑奴母離と言う。三百里四方。竹、木、草むら、林が多い。三千ばかりの家が有る。田畑は少し有り、田を耕すが食糧には足りず、また南北の市へいく。

魏志倭人伝では「一大国」とされるが、他の史書（「翰苑《かんえん》」にある魏略の逸文、梁書や隋書など）では「一支国」とある（**表1**）ので、魏志倭人伝は誤記ではないかとされている。これも早計に誤記と決めつけず、一大も一支も漢音では「イッター」「イッシ」であるので、どちらにしても壱岐市に今もその地名を残す石田町のイシの音を写したと解すれば良いのではないか。

表1

	対馬	壱岐
紹興本	對馬國	一大國
紹熙本	對海國	一大國
翰苑（魏略）	對馬國	一支國
梁書	記載なし	一支國
隋書	都斯麻國	一支國

承平年間（九三一～九三八年）に書かれた和名類聚抄《わみょうるいじゅしょう》や、九二七年に完成した延喜式では、壱岐島は石田郡と壱伎郡に二分され、石田郡には石田、物部、特通、篦原、治津の郷があった（和名抄高山寺本）とされる。和名抄と倭人伝では、年代はやや違うが、大規模な環濠集落や日本最古の船着き場の跡を持つ原《はる》の辻遺跡が石田町に所在することも、一大国の石田起源を後押ししてくれる。

四．一里は四百三十四mか七十六mか

一大国までの考察を終え、次は末盧国へ向かう。しかし、その前にこれまで見過ごしてきた七千余里、千余里などの距離表記について明確にする必要がある。

まず、短里説を検討する。短里とは三国時代に用いられた一里約四百三十四mではなく、周の時代の七十五～九十mほど（観念上は七十六～七十七m）とする概念である。この短里で計測すると、実際に、帯方郡から狗邪韓国までの距離が魏志倭人伝の記載のとおり、七千余里となるので説得力がある。

次に、魏志倭人伝では帯方郡から邪馬台国までの距離が五倍程度に誇張されているとする誇張説がある。誇張の理由は、二二九年に魏が西方の大月氏国（クシャーナ朝）に金印「親魏大月氏王」を贈り、その十年後の二三九年に倭国にも「親魏倭王」の金印紫綬を授けたことに起因する。倭国を大月氏国並みの大国、大月氏国と同距離の萬二千里も離れた遠方の国とするための、政治的配慮で五倍に誇張したのだろうとする。（注2）大月氏国

と倭国を、文字通り東西の横綱に祭り上げたかったのか。

魏志倭人伝に記された距離数は、七千、千、五百、百、周旋可五千余里と、偶然とは思えないほど、五の倍数が並んでおりこれを見ると、五倍誇張説は捨てがたい。ところが、帯方郡から狗邪韓国までの七千余里を一里四百三十四mで計算すると、三千㎞以上になってしまい、遠方の倭の里数ならともかく、中国に近い朝鮮半島の里数を安易に五倍にしたら、洛陽の教養人にはすぐに矛盾が露呈する。

もし誇張を悟られにくくしたいなら、狗邪韓国までは誇張せず、それ以降の行程で十倍とかにすれば良い。実際にはそのようにはせず、伊都国以遠はチマチマと百里で刻んでいる。従って誇張していると考えるのは、無理があるように思える。また、原典の距離に矛盾があれば百衲本で改訂するはずであるが、それもされていない。ここまでの考察から、本稿では短里説を採用して一里を七十六mとする。

五．末盧国は本当に松浦か

里数で少し寄り道をしたが、続いて末盧国へ向かう。

又渡一海千餘里　至末盧國　有四千餘戸　濱山海居　草木茂盛　行不見前人　好捕魚鰒　水無深淺　皆沈没取之

また海を千余里渡ると、末盧国に至る。四千余戸が有り、山海に沿って住む。草木が茂り、前を行く人が見えない。魚やアワビを捕るのを好み、皆が潜る。

末盧国は、これも疑いなしに松浦半島、松浦郡に比定されることが多い。本稿では念のため検証を試みる。まず、疑問を感ずるのが対海国から一大国へ向かう時には、**又南渡一海千餘里**とあって「南」と明記しているのに対し、末盧国へ向かう時には、南の文字がなくなっている。もう一つ、対馬と壱岐の距離は七十三kmで壱岐と松浦（呼子）の距離二十八kmの二・五倍はあるのに、どちらも千余里としている。この二つの問題を簡単に看過《みす》ごしてはいけない。

一大国からの距離千余里を重視した場合の、末盧国の候補地を西から三つ挙げる。第一候補は現在の佐世保市、第二は伊万里市で、かつてここは肥前国松浦郡だった。第三は壱岐からは真東になるが、古代から朝鮮半島や中国と交流のあった宗像《むなかた》市としたい。ちなみに坂田隆氏（一九四八〜）は末盧国を宗像市の東隣り、遠賀郡岡垣町に比定している。

さて、これらの候補地からどのようにして本命を選べば良いのか。本稿では倭人伝のその後の行程である、末盧国から南東五百里（三十八㎞）の付近に海に面した伊都国があり、さらにその南東百里（八㎞）に二万余戸を有する奴国が所在可能な広い土地があることを判定条件とする。この判定方法は、庄司義則氏の論説を参考にさせていただいた。（図6）

先ほどの候補地をこの条件に合うかどうかを検証していこう。

	末盧国	伊都国	奴国	コメント	判定
候補①	佐世保	諫早	島原	島原に二万戸は無理か	△
候補②	伊万里	適地なし	適地なし	伊都国が有明海中へ	×
候補③	宗像	適地なし	適地なし	伊都国は英彦山付近？	×
候補④	唐津	吉野ヶ里	筑後平野	壱岐から唐津は五百三十里	◎

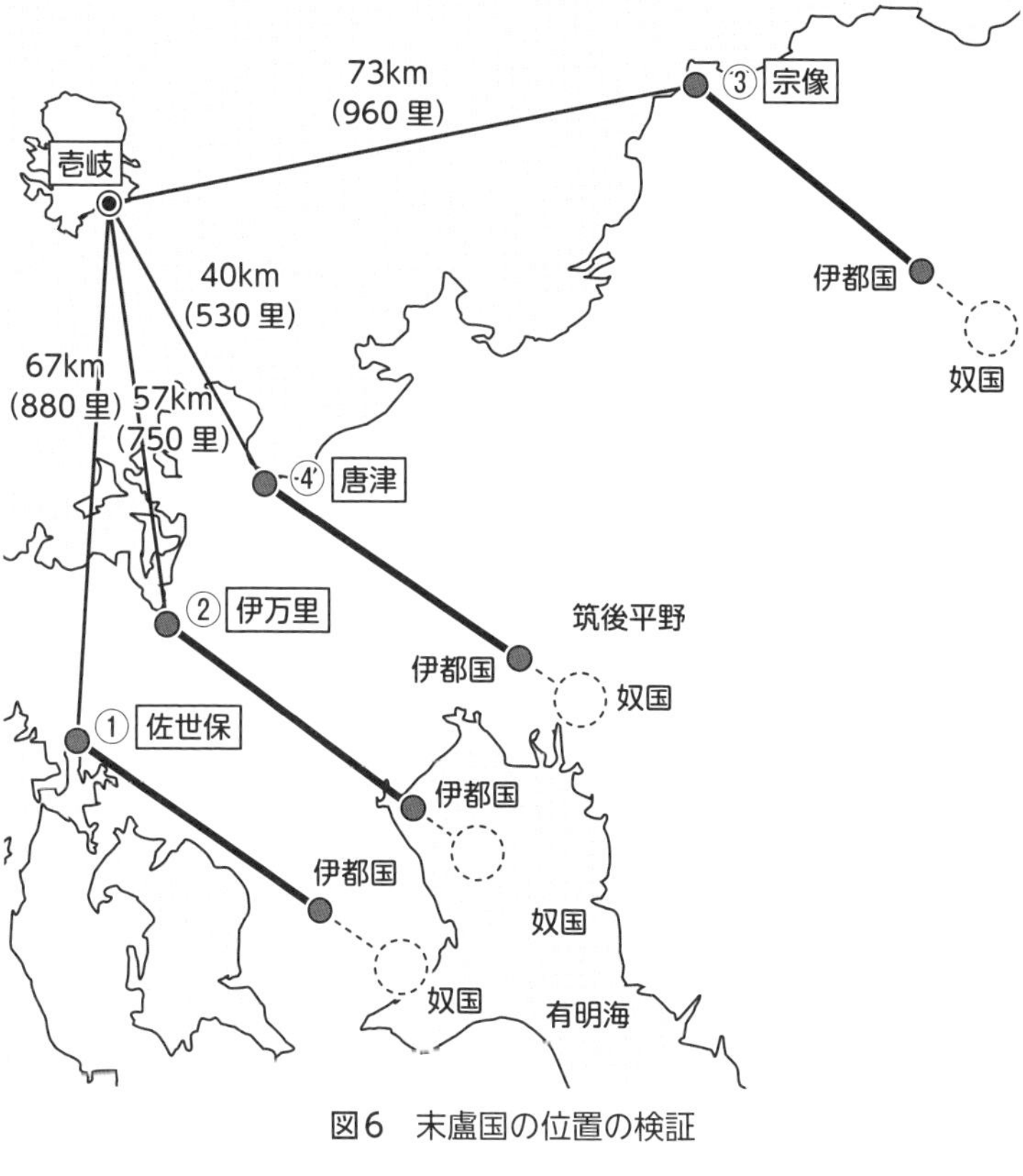

図6　末盧国の位置の検証

壱岐から千里を重視して選んだ三つの候補地のうち、佐世保―諫早―島原のラインは有力に見えるが、考古遺跡などの証拠が乏しい。島原には支石墓はあっても、権力者が持つ鉄剣・鉄刀・宝石の類の威信財《レガリア》の出土がない。『まぼろしの邪馬台国』（講談社　一九六七年）を著した宮崎康平氏（一九一七～一九八〇）は、一般古代史研究家が論説に加わることを可能にした功績は大きいが、邪馬台国島原説の可能性は低いと思う。

残り二つはいずれも、適地とは言えないだろう。もし、ここで末盧国を呼子または唐津に比定するのであれば、壱岐から末盧まで千里ではなく、五百三十里でも良いとする根拠、理由が必要となる。この理由として、韓国の釜山から唐津までの直線距離二百十km（約三千里）を単純に三等分して、三区間とも千里としたと考えたい。その結果、壱岐から末盧も、実際の五百三十里を千里と表現したのだろう。なお、末盧国は戸数四千戸の記述を考慮して、本稿では呼子ではなく唐津とする。

ところで、対馬も壱岐も古事記の伊弉諾《いざなぎ》・伊弉冉《いざなみ》の国生み神話に登場する大八洲《おおやしま》の八島のうちの二島である。しかし、日本書紀には大八洲に、対馬と壱岐は含まれていない。

同様に、「隋書倭国伝」を読むと、倭国に至る道筋として、都斯麻国を経て一支国に至り、竹斯国に至ると書かれているが、「竹斯国より以東、みな倭に附庸たり」と言う注目すべき一文があり、都斯麻国（対馬）と一支国（壱岐）は倭国に含まれないとしか読めない。このことからも、三国志の著者である陳寿は、倭国と倭を区別していたことが裏付けられる。

注1
例えば紹興本の「對馬國」は紹熙本では「對海國」であり、紹興本の「自女王國以北」は、紹熙本では「自女王國以北」である。紹興本には一部欠落があるため、紹熙本でこれを補正している。これらのことから本稿では紹熙本を採用した。

注2
岡田英弘氏（東京外国語大学教授　一九三一～二〇一七）の説。中央アジアから北インドにかけてあったイラン系のクシャーナ王朝（大月氏）まで距離と、東夷までの距離を同じレベルに見せるために誇張したと考える。

第三話　伊都国

一・伊都国は糸島ではなかった

続いて、末盧国から伊都国への行程を検証する。魏志倭人伝には末盧国からは、

東南陸行五百里　到伊都國（東南に陸行し、五百里で伊都国に到着する）

とある。伊都国の比定地は、ほぼ全ての研究者が福岡県糸島市としている。

その根拠としては、古くは糸島が「怡土《いと》」と呼ばれていたことによる音韻上の理由と、三雲・井原遺跡、平原遺跡などの考古資料（出土品）の存在の二点が大きい。江戸期の朱

子学者・新井白石も伊都国は筑前国怡土郡であるとした。

さらにつけ加えれば、倭人伝で伊都国の次に登場する奴国を福岡平野にあるとし、伊都国と奴国をセットにすることで、いっそう伊都国を糸島に比定しやすくしている。奴《な》の音に似た、儺県《なのあがた》、那津《なのつ》の地名が日本書紀に見られることが、奴国の比定地の決め手になっているようだ。

ただし、漢音では奴を「な」ではなく、「ど」「どぅ」とよむと言う。

一方で、伊都国を糸島とする定説には、次のような疑問点もある。
（1）末盧の上陸地点を松浦半島の先端の呼子辺りとすれば、糸島は東の方角、桜馬場遺跡のある唐津市付近に上陸したとするなら北東の方角になる。どちらも「東南」ではない。
（2）陸行五百里と書かれているが、糸島市なら末盧で下船せずにそのまま船で行く方が常識的な手段であろう。わざわざ陸行するのは、どう見ても不自然である。
（3）倭人伝の中ほどには、「郡の使いが倭国につくと、伊都国に置かれた一大率と言う役人が全てを臨海で調査確認する。」とある。（郡使倭國皆臨津捜露）と言うことは、伊都国には港があることになり、末盧国に上陸せず、伊都国で上陸したことと、またも矛盾する。もし、伊都国が玄界灘ではなく有明海に面していれば、港に関する矛盾は解消する。

（４）日本書紀巻第八（仲哀天皇八年条）には「伊蘇国《いそのくに》がのちに伊覩《いと》に訛った」と記されている。十四代仲哀の在位は四世紀中葉と考えられるので、邪馬台国の時代の糸島は「いと」ではなく「いそ」と呼ばれていた可能性がある。

伊都国が糸島ではない、もう一つの理由がある。

糸島を含む福岡平野は、邪馬台国に属さない強大国の領域だったので、その方向には進めなかったのである。その強大国については後述する。

二．伊都国は吉野ヶ里にあった

前項の疑問点（１）の東南の方角と、（２）の陸行五百里、（３）の臨海での調査確認の三つを同時解決する場所は、吉野ヶ里付近である。唐津から東南方向へ向かい、現在の国道二〇三号線を陸路佐賀方面に進むことで、魏志倭人伝の記述になんら矛盾は生じない。

さらに、このルートであれば筑紫国に入らずに肥の国だけを通って邪馬台国に行けるのである。

伊都国を糸島以外に比定する説は、現時点でほとんど見かけないと言っても良いが、古くは昭和二年（一九二七）に安藤正直氏が、雑誌「歴史教育」（歴史教育研究会）に「邪馬台国は福岡県山門郡にあらず」を発表し、その中で伊都国を福岡県山門郡としている。

また、邪馬台国を肥後国の佐俣、現在の熊本県下益城郡美里町佐俣としている。

ヤマタ（邪馬臺）とサマタ（佐俣）の音韻が相似であるのが理由と言われている。

安藤正直氏についてもう一言だけ加えたい。氏は榎一雄《えのきかずお》氏（東京大学名誉教授　一九一三～一九八九）に先んじて伊都国を起点とした、放射式読み方の嚆矢《こうし》と目される。邪馬台国への道のりを巡っては、その読み方に放射説と連続説の二説あり、放射式は九州説、連続式は畿内説に有利とされている。

連続説は白鳥庫吉《しらとりくらきち》氏（東京帝国大学教授　一八六五～一九四二）の弟子であった榎一雄氏が唱えたものと良く言われるが、これは昭和二十二年（一九四七）、雑誌「学芸」に「魏志倭人伝の里程記事について」で発表しているので、安藤氏はそれよりも二十年も先行していたことになる。

三．伊都（いと）は三津（みと）だった

これまでの考察で、東南の方角と陸行五百里から、伊都国を吉野ヶ里付近としても問題ないことがご理解いただけたと思う。考古遺跡としては著名な吉野ヶ里遺跡があり、糸島の三雲・井原遺跡、平原遺跡に引けを取らないばかりか、楼閣、宮室、邸閣、城柵に相当する遺構が出土し、特に「邸閣」と想定される高床式倉庫群は、倭人伝の収租賦有邸閣（租税を収め、高床の大倉庫がある）の記述に合致する。

しかし、定説となっている糸島と比べて、吉野ヶ里の決定的な弱点は伊都国のよみであろう。吉野ヶ里が伊都国であるとの論拠を百出しても、「怡土」（いと）の音一つで勝ちめがなさそうだ。ところが驚くなかれ、「いと」に近い音の地名がこの付近にあったのだ。

吉野ヶ里遺跡の陰に隠れて忘れられがちだが、その隣接地に三津《みつ》永田遺跡がある。所在地は佐賀県神埼郡吉野ヶ里町三津字永田で、今は三津は「みつ」とよむが、かつては「みと」だったかも知れない。例えば、静岡県沼津市内浦に三津と言う地名があり、「みと」と発音する。その地にある伊豆三津シーパラダイスも「みと」である。また、愛知県には

二〇〇八年に豊川市に編入されたが、御津《みと》町があった。「みと」の音が「いと」と、帯方郡の遣使に間違って聞き取られた可能性は、十分あり得る。

あるいは、もともと「いと」だった地名が、その後「みと」、やがて「みつ」に変化したのかも知れない。さらに言えば、伊都を「いつ」または「いとぅ」とよむ説もある。そうであれば「三津《みと》」を伊都《いと》に関連づけられる。いずれにしても三津と言う地名には津の文字があり、この場所に港（津）があったことを如実に物語っている。これも吉野ヶ里を伊都国と考える有力な根拠と言えるのではないだろうか。

第四話　筑　紫　国

一．郡使の行く手を阻んだ筑紫国

伊都国について述べてきたので、このあとは奴国に話題を移すべきではあるが、ここで邪馬台国（女王国）に属さず、郡使一行の通過を阻むように存在した強大国について考えてみることとしたい。

福岡平野のこの強大国は、西暦五七年に漢に朝貢し金印を授かった倭奴国の流れを受け継いでいると考えたい。三世紀半ばに福岡平野に存在したこの強国を、本稿では便宜的に「筑紫国」と呼ぶこととする。

倭奴国は、「わのなこく」または単に「なこく」と呼ばれることが多いが、本稿では

「ゐどこく」とよむ。この倭奴国は、現糸島市にあったが後に、その中心地は博多遺跡・那珂遺跡辺り、現在の福岡市博多区に移ったと推定する。筑紫国は、倭奴国の時代（五七年）から徐々に国力を強め、初期の糸島エリア、その後の春日市（須玖《すぐ》岡本遺跡）エリア、やがて宗像エリアまで拡大していったと想定している。

この地域は、現在刊行されているほぼすべての論文、著作物、さらには観光ガイドなどでも、「伊都国」「奴国」と称されている。そのことを十分すぎるほど承知はしているが、私は倭人伝の伊都国は吉野ヶ里、奴国は旧筑後国の三潴《みずま》郡、御井《みい》郡（現在の久留米市）を中心とする筑後川下流地域と考えているので、本稿では福岡平野の強大国を敢えて「筑紫国」と呼称する。

二．「鉄王国」筑紫国

この筑紫国は東夷伝の韓条と倭人条の両書に記されている半島の南部にあった「倭」とは、海峡を挟んで強い結びつきがあった。

恐らく半島南岸の倭は、辰韓の鉄の交易のために本拠地である九州北部の倭（筑紫国）

からの指示、支援を受けていたのではないだろうか。半島南岸が鉄鉱事業部で、筑紫が本社のような関係と考えれば分かりやすいだろうか。

國出鐵韓濊倭皆従取之（魏志韓伝）

国（辰韓）には鉄が出て、韓、濊《わい》、倭がみな、従ってこれを取っている。

辰韓の鉄は近くの三韓はもとより、楽浪の東に位置する遠方の濊《わい》からも取りにきている。すなわち、ここに書かれている「倭」は、半島南岸の倭だけのはずはなく、筑紫はもとより、出雲、吉備、丹波などの諸国も交易に加わっていた可能性は極めて高い。**（図7）**「漢書」地理志に「楽浪海中に倭人あり、分かれて百余国と為す」とあるが、山陰、山陽諸国もこの百余国に含まれていたのかも知れない。その中で、筑紫、特に福岡平野は段違いの数量を占めていたことが考古資料で分かっている。その根拠を二点、次に示す。

①博多古墳群からは蒲鉾《かまぼこ》形をした鞴《ふいご》の羽口《はぐち》や、そこに付着する椀形滓《わんがたさい》など、高い技術の鉄器製作痕跡が出土し、古墳前期（三世紀）後葉のものと考えられている。（二〇〇六年福岡市埋蔵文化財センター）

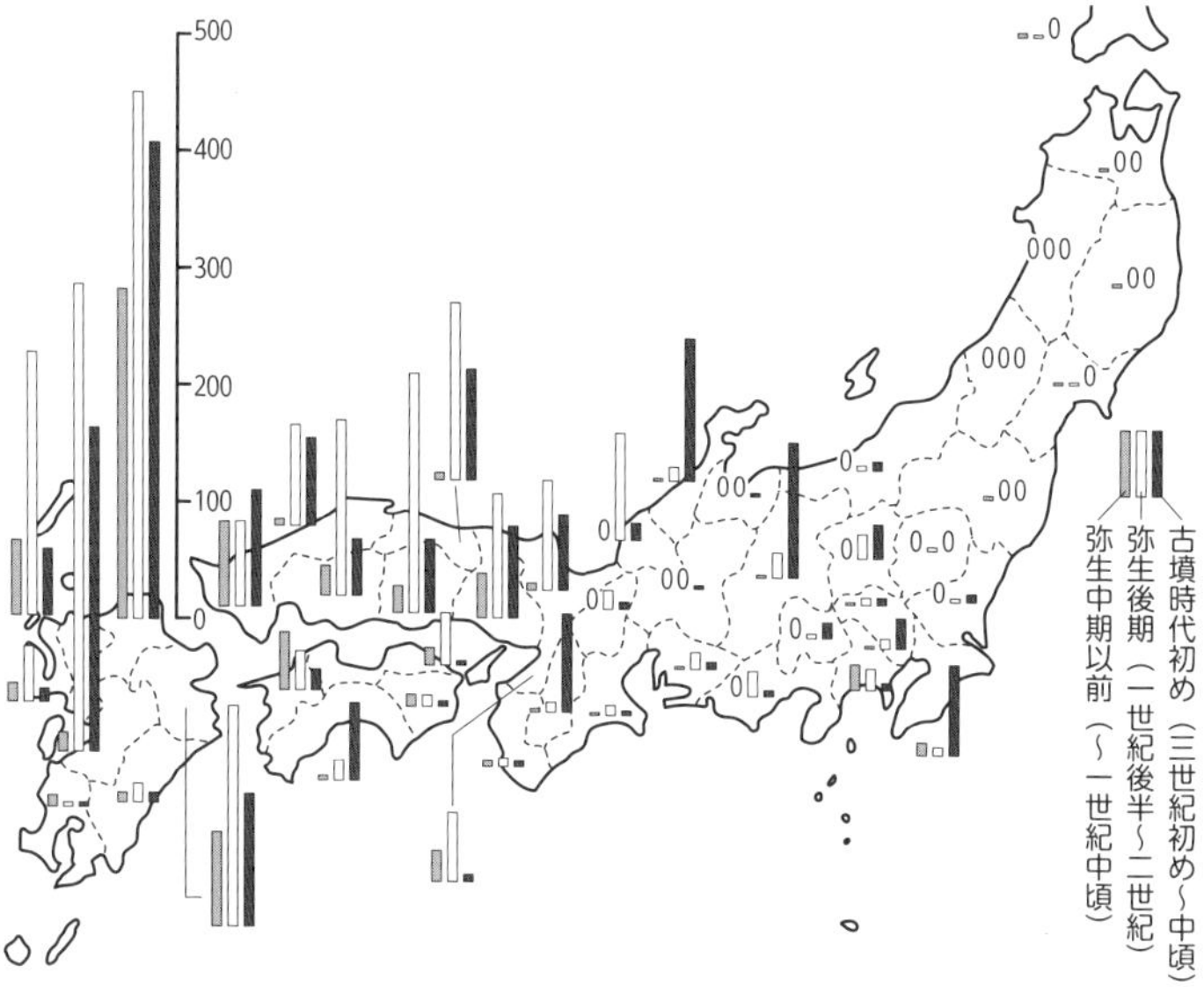

図7　府県別鉄器の出土数
（広島大学教授　川越哲志氏編『弥生時代鉄器総覧』）

②比恵・那珂遺跡群（福岡市博多区）からの鉄器の出土は、他の遺跡を圧倒する量である。

博多湾沿岸から甘木（現朝倉市）までの範囲に集中しており、筑後平野では多くは見られない。（野島永氏・広島大学教授　一九六四～）（**図8**）

以上のことから、邪馬台国の時代である三世紀には、筑紫国が鉄器の生産、使用に関して、列島内のどの地域よりも進んでいたことをご理解いただけたことと思う。筑紫国はまさに「鉄王国」だったのだ。「鉄は

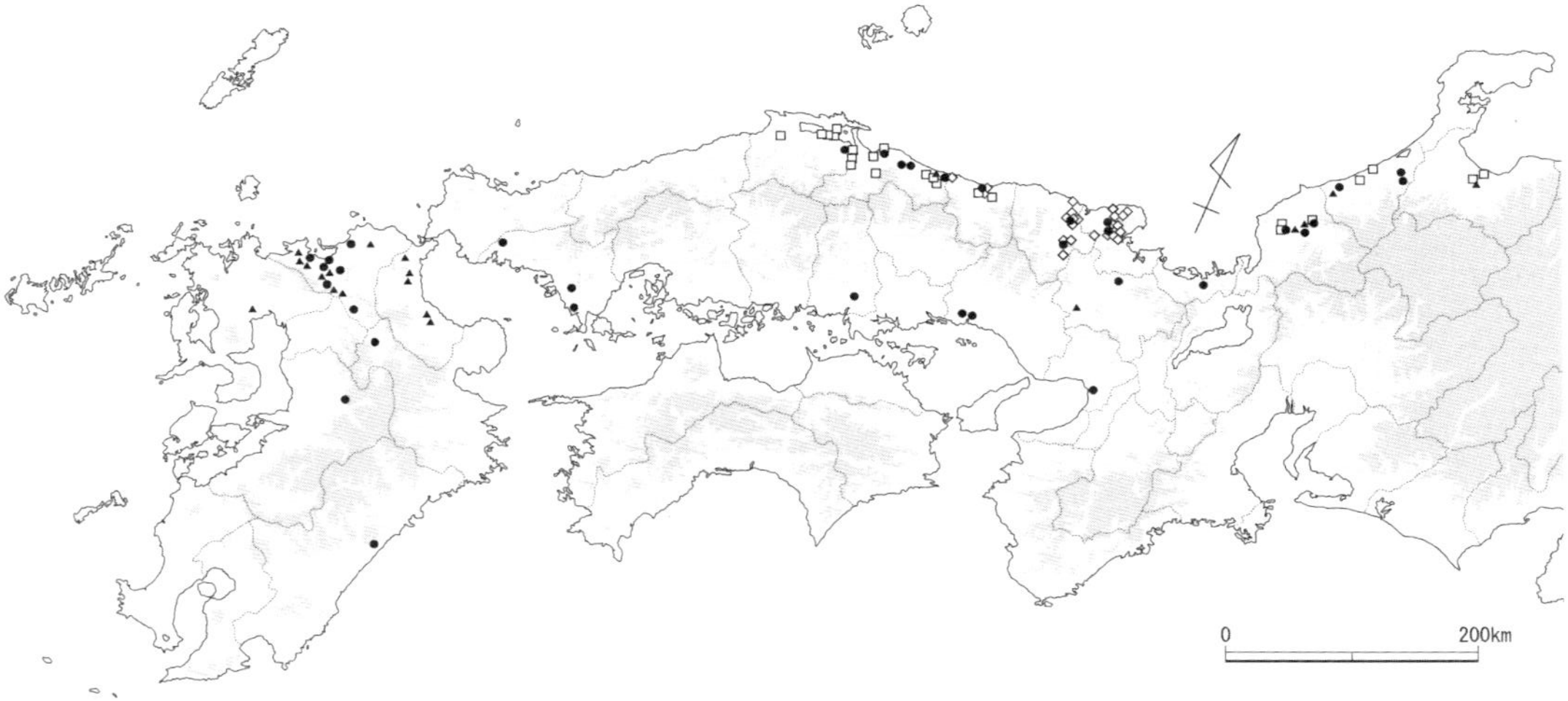

図８　弥生時代後期後半期・終末期の方形墳丘墓と鉄刀出土位置（野島 永氏　2014）
▲ 素環頭鉄刀　● 鉄刀　□ 四隅突出型墳丘墓　◇ 方形墳丘墓・方形台状墓

国家なり」は十九世紀ドイツのビスマルクの言葉と言われているが、三世紀の筑紫国にも当てはまる。

三．筑紫国と邪馬台国の関係

次に、邪馬台国の時代に筑紫国が邪馬台国から独立して存在したかどうかを検証しなければならない。大多数の見方は、福岡平野のこの地域は、

①「伊都国」「奴国」として邪馬台国に属していた。（定説）

②博多湾沿岸に「邪馬壱国」があった。（古田武彦氏）

のどちらかである。

②の説では、魏志倭人伝に「女王国の以北に一大率を置く、一大率は伊都国で治めている」と書かれていることとの説明が難しい。

では、①はどうか。この地域は前に述べたように、鉄を大量に確保できるため、古くから軍事力、経済力で周辺の地域を凌駕していたと考えられる。そうであれば、強者が弱者に従うことになるので、この地域が邪馬台国に属していたとは考えにくい。

①でも②でもないので、消去法による結論としてはこの地域、筑紫国は邪馬台国から独立した勢力であったと推定する。

四．筑紫国は斯蘆（新羅）と戦っていた

筑紫国が邪馬台国から独立した存在だった証拠がまだある。倭と半島諸国、特に後に新羅《しらぎ》となる斯蘆《しろ》国とは紀元前から戦いを繰り広げていた。

一一四五年に完成した朝鮮の歴史書、三国史記によると、紀元前三七年、赫居世《かくきょせい》（ヒョッコセ）王が現在の慶州市に斯蘆国を建国した。その重臣の瓢公《ここう》は、倭人だったと言われている。紀元前五〇年に倭人が侵攻して来たが、赫居世の説得に応じて倭軍は撤退した。それ以降、西暦一四年、七三年、一二一年、二〇八年に倭人の斯蘆への侵攻の記事が三国史記に見える。さらにその先の邪馬台国の時代には、

（1）二三二年四月に倭人が首都金城に攻め入った。王も出陣して倭人を壊滅させ、騎馬隊を派遣して首級一千をあげた。

（2）二三三年五月、倭人が東部国境に侵入。同七月、将軍の昔于老が沙道で倭軍を撃退、

倭人の兵船を焼き払う。

（3）二四九年四月、倭人が昔于老を殺害。

とあり、邪馬台国から魏への遣使の時期、二三八年と二四三年前後には、倭と斯蘆が戦闘状態だったことが分かる。ところが、魏志倭人伝は二四七年の邪馬台国と狗奴国との戦いには触れているが、邪馬台国が半島の国と戦ったことには全く言及していない。

つまり、邪馬台国は狗奴国とは不和で互いに攻撃していたが、半島の斯蘆とは何事もなかったと言うことになる。では、斯蘆と戦った倭は何者であろう。半島南岸の倭が単独で戦ったとも考えられるが、そもそも戦う目的は鉄の利権に関連すると見るのが自然だろう。もし、そうなら半島南岸の倭だけでなく、鉄の交易の主体でもある筑紫国も参戦していたのではないだろうか。二三三年の戦いでは「兵船」の語も見え、ますます筑紫が海を渡って支援した可能性が高まる。

ひとつ心配なのは、三国史記の信憑性であるが、日本書紀にもこれと似た記事があるので紹介する。

二四九年（神功皇后摂政四九年）、荒田別・鹿我別を派遣し、百済の木羅斤資らと共に新羅（斯蘆）を破る。

二三二年と二三三年の出来事は、倭の敗北であるので日本書紀は記録を残さなかったが、二四九年に倭が斯蘆を破ったことは三国史記と日本書紀で、内容も年代もほぼ一致する。筑紫国と半島の倭は協力して斯蘆と戦っていたことが、日本と朝鮮の両方の史書で明らかにすることができた。

なお、日本書紀のこの記事は、神功皇后紀にはあるが、本稿では二四九年に斯蘆を破ったのは神功の事績ではなく、十二代景行の時代との立場である。そして、十四代仲哀の崩御後の三六〇年以降、一般に三韓征伐と言われる朝鮮への出兵を主導したのは神功と想定する。（表2）

表2　10代から15代までの大王の在位
（即位年・没年は冨田伊一郎氏の説を参考に本稿推定）

代	王朝	即位	没年	和風諡号	区分
十	崇神	二七六	三〇九	ミマキ**イリ**ビコ	イリ系
十一	垂仁	三一〇	三一五	イクメ**イリ**ビコ	
十二	景行	三一五	三五五	オホ**タラシ**ヒコ	タラシ系
十三	成務	三五五	三五五	ワカ**タラシ**ヒコ	
十四	仲哀	三五五	三五九	**タラシ**ナカツヒコ	
―	神功	三六〇	三八九	オキナガ**タラシ**ヒメ	
十五	応神	三九〇	四一〇	ホムタ**ワケ**	ワケ系

五．筑紫国は邪馬台国には属さなかった

筑紫国が邪馬台国とは独立して存在したことを縷《る》々《る》述べてきたが、改めて整理してみよう。

（1）福岡平野エリアにあった筑紫国は、朝鮮半島の辰韓で産出する鉄の交易によって鉄器を入手し、それを用いた農耕で経済力を高め、銅器よりも強力な鉄製兵器で軍事

力を強めた。

（2）魏志倭人伝から、帯方郡使は邪馬台国までの行程で筑紫国の領域に踏み込むことを避けていることが読み取れる。

（3）魏志倭人伝によると、邪馬台国は狗奴国とは戦ったが、斯蘆との戦闘には全く触れていない。邪馬台国以外で斯蘆と戦ったと考えられるのは筑紫国が最有力である。

以上三点から、筑紫国と邪馬台国はそれぞれ別に存在していたことが説明できる。特に、鉄器を持ち強大国である筑紫国が、それほど強国とは言えない邪馬台国に属することは、ほぼあり得ない。唯一、卑弥呼が鬼道で宗教的同盟関係を構築し、それが筑紫国にも及んだ場合のみ同盟（共立）に加わることは考えられる。

通説では、魏志倭人伝に描かれる「伊都国」「奴国」は、福岡平野にあるとの思い込みがあるため、本稿のような邪馬台国から独立した筑紫国の存在を説く著述は、ほとんど見かけない。

第五話　冊封

一．筑紫国が倭人伝に登場しない理由

これまで見てきたように、鉄王国である筑紫国が存在し、邪馬台国と対立もしくは共存していたらしいことが分かる。ではなぜ、魏志倭人伝は筑紫国のことを伝えていないのだろう。その最大の理由は、冊封《さくほう》制度にあると思う。

冊封の話の前に、もう一度朝鮮半島の鉄の採取について振り返ることにしよう。弁辰の塊錬鉄《かいれんてつ》の生産は、紀元一世紀に本格化した。その後公孫氏が帯方郡を設置した二〇四年以降、この地域は郡の管理下に置かれた。その結果、鉄素材を入手するためには郡の承認が必要になった。

是後倭韓遂屬帯方

この後（二〇四年の帯方郡設置以降）、倭と韓はついに帯方郡に属した。

右記の東夷伝の韓条にあるように、倭は帯方郡に属した。ここで言う倭とは、半島の南岸の倭、もしくは南岸を含む筑紫国と考えられる。「帯方郡に属した」の意味は、冊封ではなく、朝貢であろう。帯方郡設置（二〇四年）以降の筑紫国の狙いとしては、公孫氏に朝貢することで魏への冊封を避ける意味もあったのではないか。つまり倭人の中でも半島南岸の倭を含む筑紫国は、すでに朝貢していることを理由にして、冊封を拒否したのだろう。

一方の邪馬台国はどうか。卑弥呼による魏への最初の朝貢は、二三八年のことである。卑弥呼が倭国大乱のあとの一九〇年頃に共立されたとすると、魏が帯方郡を設置した二〇四年から卑弥呼の最初の朝貢である二三八年の間の三十数年間、邪馬台国の卑弥呼は一度も朝貢していないことになる。つまり、筑紫国とは違って邪馬台国は郡の支配下になかったのである。

また二三八年は、魏は明帝（曹叡）の命を受けて、司馬懿《しばい》が楽浪・帯方を領有する公孫淵と戦った年でもある。戦略家の司馬懿は公孫氏との戦いを有利にするために、後方の邪馬台国と結ぶ策を取ったのだ。筑紫国よりも、過去の軋轢《あつれき》のない、新人同然の邪馬台国の方が扱いやすいと判断したからであろう。

このような経緯から、魏志倭人伝の著者陳寿は、魏の面目を保つため、冊封を拒否した筑紫国の存在を隠したかったのだろう。それゆえ、倭人伝に筑紫国を登場させなかったと思料する。

二．邪馬台国の冊封は魏の都合

ここまでを整理すると、冊封は魏（恐らく司馬懿）から倭へ持ちかけられたと考えるのが自然である。卑弥呼が狗奴国との調停を魏に依頼するのは、二回目の遣使（二四三年）であるし、一回目の遣使（二三八年）の朝貢は生口十人と班布二匹二丈だけで一〇七年の生口百六十人と比べても相当粗末なものだった。それにも拘らず、魏は邪馬台国を厚遇している。これも、「魏の都合」説を裏付ける。これを時系列で確認してみよう。

◇二二〇年　後漢が滅亡し、魏が興る。

◇二三七年　景初元年　公孫淵は燕王を自称し、楽浪、帯方も燕に属した。
　➡魏は朝鮮半島の支配に不安と不満を感じる。
◇二三八年　景初二年六月　倭女王は大夫難升米等を郡に遣わし魏帝に朝献を求めた。
　➡魏は難升米を帯方郡へ誘導し、邪馬台国を利用する策に出る。
◇二三八年　景初二年八月　魏が公孫氏（一八九〜二三八）を滅ぼし、半島の支配を確立する。
　➡魏は公孫氏の背後（倭国）を安定化できて半島支配が容易になる。

　二三八年　景初二年十二月　卑弥呼は親魏倭王に任ぜられ金印紫綬を授かった。

　公孫氏が東夷の実権を握っていた二三七年までは、半島南部の倭も含めて東夷の国々は、郡の公孫氏に朝貢していた。二二〇年の建国当初から、魏はこのような公孫氏の横暴を不満としていたが、二三七年に公孫淵が燕王を自称するに及んで、ついに二三八年八月に公孫氏を滅ぼした。

　公孫氏の滅亡以前の二三七年前後には、魏の明帝（曹叡）は、倭国が魏へ朝貢するよう、帯方太守である劉夏（注3）に命じていたとするのが妥当であろう。その目的は言うまでもなく、公孫氏滅亡後に魏が東夷諸国を円滑に直轄管理するためにほかならない。

卑弥呼が難升米を帯方郡に派遣したのは、景初二年ではなく三年であるとの説があるが、魏は公孫淵が燕王を自称した二三七年から邪馬台国への働きかけを始めていると考えれば、景初二年で問題ないと思われる。

景初二年か三年かについては、古田武彦氏は「公孫氏政権からいち早く魏に乗り換えた事の卑弥呼の功績が認められた為」と言う観点で、二年が正しいとの説を唱えている。しかし、小国で外交力も乏しい邪馬台国が、これほど素早く情勢を見極めて対応できるような情報網を持ち合わせていたとは思えない。やはり、魏の仕組んだ策略ではないだろうか。

三．冊封をどう見るかで変わる歴史観

冊封とは、中国王朝が周辺諸国の支配者に王号や官位を与え、君臣関係に位置づけることを言う。倭奴国は漢倭奴国王の金印を授かり、邪馬台国は親魏倭王の金印、王位を受けているので冊封体制に入っている。

しかし、日本書紀には神功皇后摂政四三年条に「正始四年、倭王はまた使者の大夫伊聲者、掖邪狗ら八人を遣わし、献上品を届けた」と記されてはいるが、中国から冊封を受け

ているとはしていない。日本書紀の著者は、日本と中国は、君主と臣下の関係ではなく、対等の立場であると主張したいのだろう。

歴史と言う学問は、史家の属する民族や国家の権威を高めることが目的ではない。過度なナショナリズムは正しい歴史を歪曲、曲解することがある。

専門家ではない私の考えではあるが、例えば、日本書紀のように偏った史観で冊封がなかったかのように装うのは、現代の視点から見れば間違っている。邪馬台国が魏の冊封体制に入って表面的に魏に従属したとしても、そのことで倭人や倭国はアイデンティティを決して失ってはいない。このことは、文献や考古資料を科学的、客観的に分析すれば読み取れるのではないか。本稿では、常にこのような考え方で歴史の真実を探求していきたい。

注3

劉夏《りゅうか》は、二三八年に卑弥呼が初めて帯方郡に遣使を送った時の帯方郡太守。公孫氏との戦時下にあった遼東半島を通過することを案じた劉夏は、倭国の使者難升米らに吏将（官吏と兵）をつけて、魏の都洛陽まで送り届ける。（魏志倭人伝）

第六話　金　印

一・倭の奴国か倭奴国か

魏志倭人伝で、伊都国の次は奴国なのだが、伊都国とも奴国とも言われているのが、金印（図9）に刻まれた倭奴国である。奴国を考察するのに先立って、金印と倭奴国について検討しておかねばならない。

金印とは、言うまでもなく西暦五七年に漢の光武帝から倭奴国王に送られた「漢委奴國王」印のことである。「後漢書」巻八五　列傳巻七五　東夷傳には、

図9　福岡市博物館所蔵　画像提供：福岡市博物館 / DNPartcom

建武中元二年　倭奴國奉貢朝賀　使人自稱大夫　倭國之極南界也　光武賜以印綬

建武中元二年（西暦五七）倭奴国、貢を奉じて朝賀す。使人自ら大夫と称す。倭国の極南の界なり。光武、印綬を以て賜う。

とあるので、考古資料と文献資料が一致する。ところが金印に刻まれた「倭奴国」の読み方に二説あり、明治以降論戦が交わされている。

（1）金印の倭奴国を、明治二十五年（一八九二）三宅米吉が「漢《かん》の委《わ》の奴《な》の国王」とよんで以来、この説が有力とされ、教科書にも採用されている。

倭人伝の奴国をこの倭奴国に結びつける考え方もある。
（2）「委奴」を「ゐと」とよみ、「漢の委奴《ゐと》国王」とする説があり、金印発見直後の一七八四年に藤貞幹が、翌一七八五年には上田秋成が早くも論述している。
古田武彦氏は『失われた九州王朝』（朝日新聞社　一九七三年）で、「漢の委の奴の國王」つまり「AのBのC…」と読む「三段細切れ読法」は古代中国の印文には他に存在しないことを述べている。そのうえで、古田氏は倭奴国を伊都国とはせず、邪馬壱国（博多湾沿岸に所在）としている。一世紀に伊都国が倭人の中心国であった可能性は、全く認められないからと言うのが、その理由の一つである。

私は金印を贈られる国が、必ずしも倭人の中心国である必要はないと考えている。倭奴国はその中心国でなくても、知識、情報、外交力は倭（倭人）の中で最も優れていたのだろう。

この「中心国」と言う考え方は、邪馬台国論争に不要だと思う。私は、三世紀の纏向（三輪王朝）が日本の中心国であった可能性を否定はしないが、それを邪馬台国畿内説の根拠にするのは論理的に間違っていると考える。

二、倭奴国は「ゐどこく」とよむ

私は、倭奴国は奴国とも伊都国ともせず、「匈奴」との対比で「倭奴」を用いたと解する張莉氏（大阪教育大学准教授　一九六八〜）の説を支持する。張莉氏は『「倭」「倭人」について』（二〇一三年）で、以下のように「漢書」王莽傳を引いて、解説する。

東夷王度大海奉國珍　匈奴單于順制作　二名去

東夷の王は大海を渡って国珍を奉じ、匈奴の単于は二字名を禁止すると言う中国の政策に順じ、二字名を改めた。

この漢書の記事から、東夷の王（倭王）、すなわち「漢委奴國王」の「奴」は、漢の北方の匈奴と対比して付けた「奴」である、と張氏は述べている。

漢書王莽伝に登場する東夷王は、元始五年（西暦五年）、前漢の平帝の時代の人である。

なお、建武中元二年（西暦五七年）に後漢の光武帝が委奴国王に金印を贈ったあと、後漢の順帝は一三三年、鮮卑撃破の功で南匈奴の骨都侯と夫沈に金印紫綬及び縑綵《けんさい》を賜っている。

匈奴と倭奴について整理すると、次の表になる。表の三つ目の「大月氏と倭」（いずれも金印を授かる）を参考までに追補した。

中国王朝	西の大国		東の大国（倭）		倭の称号
前漢	匈奴	西暦五年	東夷王	西暦五年	東夷王
後漢	南匈奴	一三三年	倭奴	五七年	漢委奴国王（金印）
魏	大月氏	二二九年	倭	二三八年	親魏倭王（金印）

ここまでで分かることは、倭奴には奴の卑字がついているものの、歴代の中国の王朝は倭と言う国に対して金印を与えることで常に敬意を表すとともに、倭を匈奴や大月氏と同等の大国として処遇していると言うことである。この中国王朝の姿勢は、前漢から後漢を経て魏に至るまで継続しており、古代史での日本と中国の関係を考えるポイントの一つと

なる。ただし、倭を真に大国と見ていたのではなく、便宜上大国と見做していただけ、との可能性が高い。

三、倭奴国の所在地はどこか

さて、倭奴国の所在地はどこか。（1）倭の奴（な）国説、（2）倭奴（ゐど）国説の代表的な二説に対する反論をそれぞれ次に示す。

（1）「倭の奴（な）国説」への反論……中国の古代の印章の中に「民族名＋国名」の構造を持つ印章実例がないことから、倭の奴国はあり得ない。従って、奴国を那の津や儺県《なのあがた》の博多湾付近に特定することもできない。

（2）「倭奴（ゐど）国説」への反論……倭奴（ゐど）国を伊都（いと）国とする説があるが、「ゐ」と「い」で発音が異なるため伊都国ではない。（三宅米吉　一八九二年）

どちらの反論にも説得力はあるとは言え、金印の発見された志賀島《しかのしま》からの距離や弥生中期の遺跡などを考え合わせれば、糸島市を含めた、福岡市から春日市にかけての福岡平野のどこかに倭奴国が所在したことは明らかであろう。

その根拠として、春日市の須玖《すぐ》岡本遺跡からは前漢鏡が三十二面以上出土していること、糸島市の三雲南小路遺跡からも前漢鏡は三十一面以上出土していること、この両者の巨石下甕棺墓は同一規模であり、ともに同時代の王墓と推定されていることが挙げられる。

以上の考察から本稿では、「金印の倭奴国は『ゐどこく』とよみ、倭奴国の五七年当時の所在地は今の糸島市である。ただし、魏志倭人伝の伊都国、奴国とは無関係である」との説を採る。

四．金印の真贋について

驚くべきことに、この金印が偽物ではないかと言う主張が今もある。まず、真印説だが、次のような理由で高倉洋彰・安本美典・塚田敬章各氏らが唱えている。

（1）江戸時代及び、それ以前においては、日本国内はもとより中国であっても、漢の時代の金印に関する形状、寸法などの知識と情報量が圧倒的に不足しており、これだけ正確な贋作を作ることは不可能。

（2）一九九四年の蛍光X線分析で、金九十五・一％とされ、後漢の金製品とも概ね一致する。

江戸時代の幕府統制下でこの純度の金を作ることは不可能。

（3）偽物に「倭」ではなく、敢えて「委」を使用するのは不自然。

次に偽印説である。三浦佑之氏らの説では、偽造の目的を江戸時代の福岡藩藩校の儒学者、亀井南冥の名声を上げるためだったとしているが、論旨に矛盾点が多く、説得力は感じられない。さらに、鈴木勉氏は彫り痕の特徴に疑いの目を向けているが、彫り方で真贋《しんがん》を判断すること自体に無理があるだろう。

真贋の是非はさておき、敢えてこの項を立てたのには訳がある。二〇一八年一月二十一日に福岡市博物館が「真贋論争公開討論」を主催したことを知ったからである。国宝に指定されているこの金印を保有、公開する福岡市博物館が、文化庁の採択事業として開催したことに、まずは絶大な賛辞を贈りたい。そして当然、金印は本物との立場である福岡市博物館が、なぜ、このようなシンポジウムを開いたのかを知りたくなった。

早速調べてみると、館長の有馬学氏は「歴史的な価値が確定したかのように思われている資料でさえ、さまざまな見方ができ、学問的な根拠がぶつかっている。こうした議論があることを多くの方に知ってもらうことで、文化遺産についての理解がいっそう深まると思います。」と話している。（有馬館長の発言は、NHKサイカルジャーナル国枝拓記者二〇一八年一月三一日から転載）

まさに本稿の目指すものを、簡明に言い表していただいたかのようなお言葉である。これを、「通説と言われているものでさえ、さまざまな見方ができるのだから、本稿のような異端で荒唐無稽とも思われそうな主張にも、それなりの意味がある」とのニュアンスと勝手に解釈したい。

五．倭奴国と邪馬台国の共通点とは

金印は倭奴（ゐど）国王が受け取った。倭奴国は福岡平野のどこかにあった。そして、五七年の洛陽への奉貢朝賀の数十年前にも朝貢はあったと中国の史書は伝えている。

古くは王充の論衡巻一九恢国篇に**「成王之時　越常獻雉　倭人貢暢」**（成王の時、越常《えつじょう》（民族名）は雉《きじ》を献じ、倭人は暢《ちょう》を貢す）と書かれている。中国の文献で最古の「倭人」の出現であるが、周の成王の即位は紀元前一〇四二年なので、ここに書かれている倭人が日本列島から来たとは、にわかには信じがたい。

その後の史料では、漢書王莽伝に**「東夷王度大海奉國珍」**とあって、西暦五年には東夷王が海を渡ったことが分かる。

これに続くのが後漢書東夷伝に見られる建武中元二年（五七年）の金印の記事であり、同じく後漢書東夷伝に記されているものが、一〇七年の次の記事である。


安帝永初元年倭國王帥升等獻生口百六十人願請見

後漢の安帝の永初元年（西暦一〇七年）に倭国王の帥升らが生口（奴隷）を百六十人献じた。

これらを含め、邪馬台国までの四件を比較してみよう。

	西暦	王名	貢物	印綬	史料
①	五年	東夷王	國珍	―	漢書王莽伝
②	五七年	倭奴國王	奉貢	印綬（金印）	後漢書東夷伝
③	一〇七年	倭國王（帥升）	生口百六十人	―	後漢書東夷伝
④	二三八年	倭王（卑弥呼）	生口十人・班布	金印紫綬	魏志倭人伝

一〇七年の倭國王については、翰苑に倭面上國王帥升、北宋版通典に倭面土國王師升等、日本書紀纂疏《さんそ》（書紀の注釈書）に倭面上國王師升等などがある。従って後漢書の原典も「倭國王」ではなく、倭面土国王であった可能性がある。

そして、倭人伝の「其國本亦以男子為王」の其の国は、帥升の倭国すなわち倭面土国を指し、面土を「みと」（三津）とよんで、この一〇七年の倭国（面土国）を吉野ヶ里の伊都国と考えたい。（注4）

その後倭国内（恐らく肥前・肥後エリア）は乱れ、倭国諸国は一九〇年頃に卑弥呼を共立して治まった。

以上をまとめると、①西暦五年の東夷王、②五七年の金印の倭奴国王、そして③一〇七年の面土国王こと倭国王の帥升、最後に④二三八年に親魏倭王の金印を授かった邪馬台国の女王卑弥呼の四人が、「いずれも小国ではあっても、中国から見て倭を代表する倭国王と見做されている」と言う共通点が見つかる。このことは中国にとっては、一定の地域、特に辺境地域では、その代表国が大国である必要はないことを意味する。ここは、本稿で展開する「邪馬台国小国論」が依拠《よりどころ》としている重要部分の一つである。

六．金印はなぜ埋納されたか

ここで、倭奴国王が五七年に受け取った金印が、志賀島に埋納されるまでの経緯を考えたい。倭奴国は現在の糸島市から、後に福岡平野に広がった。一〇七年に魏に朝貢した吉野ヶ里の倭国からの干渉を受けず、また倭国大乱にも巻き込まれることなく、筑紫国となって独自に強国化していった。

金印は、一八四年の黄巾の乱を経て後漢が徐々にその勢力を弱め、ついに二二〇年に後漢が滅んだことで金印の存在意義を失った。そうなると捨てるしかないのであるが、志賀島の金印は、まるで銅鐸が埋納されるのと同じ様式すなわち、村を外れた丘陵の麓、あるいは頂上の少し下、深さは数十㎝の比較的浅い穴を掘って埋納すると言う特色とピタリ一致する。

銅鐸は全国的に二世紀末までに埋められてしまうので、二三〇年の後漢の滅亡後に埋められたとすると、銅鐸よりも多少遅いが、一八四年の黄巾の乱後で、後漢が弱体化したあとであれば、一般的な銅鐸の埋納とおよそ時期が合う。

金印の埋納と関連して、筑紫には三世紀中頃には初期型の前方後円墳が造られ始めていた。福岡市博多区の那珂八幡古墳は、奈良県桜井市の箸墓古墳と同じ撥《ばち》形の前方部を持つ前方後円墳である。つまり、金印の埋納の二〇〇年頃から前方後円墳の開始の二八〇年頃にかけて、埋葬文化に大きな変化が起きたことが考えられる。しかも、それは筑紫とヤマトが、ほぼ同時期の可能性がある。

筑紫とヤマトに同時期に起きた文化的な変化については、もう一つの証拠がある。博多古墳群からは鉄器生産に用いる、蒲鉾形をした鞴《ふいご》の羽口《はぐち》が出土しており、三世紀後葉のものと考えられている。これと同様の羽口が纒向勝山古墳からも出土している。

このことから何が分かるだろうか。私は、筑紫の埋葬（宗教）文化や製鉄技術が三世紀にヤマトに移動したと考えている。詳しくは第十四話で述べる。

注4

「先代旧事本紀」の国造本紀に、「筑志米多《めた》国造」と言う記載が出てくる。これは現在の佐賀県三養《み》基《や》郡《ぎぐん》米多郷と思われ、吉野ヶ里遺跡にも近い。「面土」は中国の古い音韻で「メタ」とも通じることから、「筑志米多国」は「面土国」の後継国とも考えられる。

第七話　奴国と不弥国

一．奴（ど）国は外（と）国か

伊都国の次は奴国なのだが、その間に筑紫国と金印で、かなり遠回りしてしまった。寄り道していているうちに忘れてしまった方もおられるだろうから繰り返すが、本稿では伊都国は吉野ヶ里である。ゆえに奴国はその東南百里にある。（図10）

東南至奴國百里　官曰兕馬觚　副曰卑奴母離　有二萬餘戸

東南に百里進むと奴国に至る。長官は兕馬觚、副官は卑奴母離。二万余戸が有る。

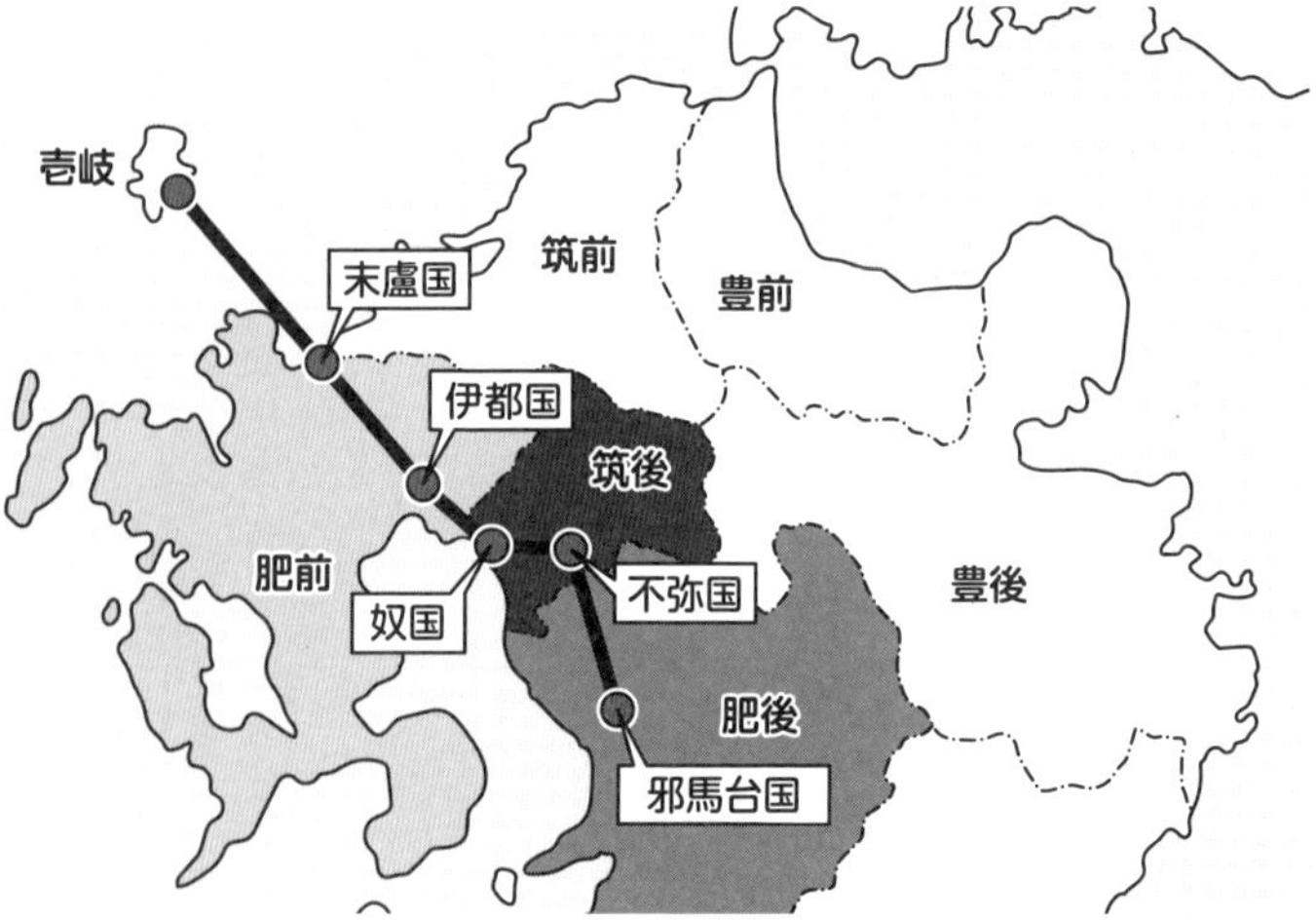

図10　本書カバーで帯方郡から邪馬台国まで、一直線に並ぶところを見たが、九州内を改めて詳細に見ても、壱岐－末盧（唐津）－伊都（吉野ヶ里）－奴（久留米市三潴）－不弥（八女郡広川町）－邪馬嘉（山鹿）がほぼまっすぐに並ぶ。

奴国は戸数が二万戸余りあって、間違いなく大国と言えるが、倭人伝の説明は官職名のみにとどまる。もし、この地が金印の倭奴国であるとの認識が陳寿にあったなら、何らかの言及をするなり、相応の扱い方をしたのではないだろうか。

魏志倭人伝の奴国と、金印の倭奴国とは無関係だった可能性がより高まる。

吉野ヶ里から東南へ百里、すなわち七～八㎞であれば、比較的容易にその場所を特定できる。筑後川下流域の三潴《みずま》郡、御井《みい》郡の辺りと言うことになる。御井郡は現在の久留米市で、九州最大級の高良《こうら》大社、宝賀寿男《ほうがとしお》氏（一九四六～）が卑弥呼の墓とする祇園山古墳などがある。ここなら筑後平野が広がり、優に二万戸は確保可能だろう。

そこで問題になるのが、なぜこの地域が「奴国」と呼ばれたか、である。本稿では漢音でよむことにしているので、「な」ではなく、「ど」「どぅ」になる。

道すがら① 誤読の慣用化

「何を言っているんだ。奴は『な』だろう。卑奴母離はひなもりではないか」との疑問をお持ちのあなた。もともとは、ひなもりでなく「ひどもり」とよみ、火灯りの意味ですよ。夜も火を灯して警固したからと考えれば、あなたも「ひどもり」が正しいことを理解いただけますよね。（あくまでも私見です）

誤読が慣用化した最近の例を挙げましょう。洗浄は九世紀から十九世紀までは、洗滌と書いて「せんでき」とよむ言葉だったのが、明治頃から「せんじょう」とよむ人が

増え、戦後は漢字まで洗浄に変わってしまいました。ひどもりが漢字まで夷守に変わってしまったのと似ていますね。

卑奴母離	ひどもり	⇩誤読⇩	ひなもり	夷守
洗滌	せんでき	⇩誤読⇩	せんじょう	洗浄

さて、奴国であるが、「ど」から連想される地名は、この付近では思い浮かばない。そこで苦しいながらも可能性としてありそうなのが、「とこく」すなわち「外（と）国」である。「外」は呉音では「げ」、漢音では「がい」であるが、和語では「うち」に対する「そと」を、古くは「と」と言っていた。

末盧国から伊都国までは肥前の国を通ってきた。そして目指す邪馬台国（山鹿市）は肥後国である。中間の筑後平野は、旧国では筑後に相当するので、肥国から見ると外の国（とのくに）になる。（**図10** 76ページ）

道案内の倭の役人が「とこく」と発音したのを、郡使は「奴国」と音写したのだろう。

奴国が邪馬台国連合から見て外国であれば、戸数二万の大国であっても詳しく書かなかった立派な理由になる。そもそも末盧から糸島方面の筑前を避けて、東南に進んで吉野ヶ里（肥前）へ向かったこととも、これで整合性が成り立つ。

二、呉音でよむか漢音でよむか

魏志倭人伝を読み進める時に、固有名詞（国名・官職名・人名）を中国北方の漢音でよむか、南方の呉音でよむか、倭人伝を論ずる者は、私も含めその立場を明確にしなければならない。

倭は漢音では「ゐ」、呉音では「わ」になる。また、邪馬台は漢音では「やばたい」、呉音では「やめだい」になる。従来わが国ではこの漢音、呉音の区別に特段の注意、関心が払われておらず、いわゆる日本流の呉音が安易に用いられてきた。

西晋出身の陳寿らが使っていた字音は「正音」、いわゆる「漢音」であり、その著作を目にする西晋の天子や官僚たちは「漢音」を使っていたことに疑問の余地はないので、本稿では漢音でよむこととする。

ただし、「馬」を上代音では「ま」とよむ高畑彦次郎氏の説（『周秦漢三代の古紐研究』

一九三七年）があること、日本各地に「山（やま）」のつく地名が多くみられることの二つの理由から、「邪馬」に限っては漢音ではないが「やま」とよむこととする。

漢音にしろ呉音にしろ、そもそも外国語を音写するのは限界がある。

現在の中国語で英語を音写している一例を挙げれば、可口可楽は、音はクコクラ、意味はもちろんコカ・コーラである。もう一つ。百事可楽は音ではパイシクラ。こちらの正解はペプシコーラである。果たしてクコクラからコカ・コーラは導くことができるのか。繰り返すが、外国語の正確な音写は、ほぼ無理であると思わざるを得ない。

三．放射説は意味がない

伊都国を起点として、それ以降の国々を放射式に読む放射説がある。昭和二十二年（一九四七）に榎一雄氏が唱えたものが有名であるが、その二十年前に安藤正直氏が伊都国起点説を発表していることはすでに述べた。本稿ではこの放射説は採らない。その理由を三つ記す。

（1）伊都国までの方位、距離、国名の記述順が、伊都国以降は方位、国名、距離に変わっている。また伊都国以外では「至（国名）」の文字が伊都国では確かに「到伊都国」となっている。この微妙な違いを、読者の高度な推理力で「ここからは伊都国を起点にして放射状に読め」と言うのは無理だろう。陳寿が読者に、この難しい要求を強いるとはとても思えない。

（2）仮に放射状に読むのが正しいとするなら、まず東に向かう奴国を一番に記し、二番目は東南の不弥国、そのあとに南の投馬国、邪馬台国の順に時計回りとするはずだ。そうなっていないので、放射説の説得力は低下する。

（3）「郡より邪馬台国に至る万二千余里」を正とするなら、放射説で伊都国から邪馬台国まで千五百里、連続説でも伊都国ー邪馬台国は同じく千五百里で、不弥国から邪馬台国が千三百里となる。この差はわずか二百里（十五km）であり、わざわざ煩雑すぎる放射説を持ち出す意味はあまりない。

	里数	距離計算
放射説（伊都国→邪馬台国）	千五百里	一万二千－《マイナス》（七千＋千＋千＋千＋五百）
連続説（不弥国→邪馬台国）	千三百里	一万二千－《マイナス》（七千＋千＋千＋千＋五百＋百＋百）

榎一雄氏の放射説は、里数と日数を取り交ぜつつ、全体をコンパクト化することに見事に成功しているように見える。なのでこの説を採用している研究者も多い。しかし、伊都国から邪馬台国までの千五百里を水行十日または陸行一月と読み、陸行の千五百里を三十日で割ると一日に五十里（三・八㎞）になる。「唐六典《とうりくてん》」には「陸行は一日に五十里」とあるとはいえ、唐代とは時代がかなり隔たってもいるし、一時間に三・八㎞ならともかく、一日三・八㎞には賛成できない。この説よりは、「日数について書かれた倭人伝の記事は総里数に含まない（異単位とは合算できない原則）」とする方がまだ妥当であろう。

四．不弥国はどこだろう

ここで、これまで訪れた五か国と、不弥国、そしてこのあと登場する投馬国、邪馬台国を含めた八か国の官職名と戸数（家数）を整理しておく。

国名	官（大官）	副	戸（家）数	コメント
對海國	卑狗	卑奴母離	千餘戸	対海国だけ「大官」
一大國	卑狗	卑奴母離	三千許家	戸でなく家
末盧國	―	―	四千餘戸	官職名の記載なし
伊都國	爾支	泄謨觚・柄渠觚	千餘戸	
奴國	兕馬觚	卑奴母離	**二萬餘戸**	
不彌國	多模	卑奴母離	千餘家	戸でなく家
投馬國	彌彌	彌彌那利	**可五萬餘戸**	
邪馬壹國	伊支馬	彌馬升・彌馬獲支・奴佳鞮	**可七萬餘戸**	

この表から分かるのは、一つ目が末盧国には官がないこと。これは、末盧国は伊都国の支配下であると想像できる。二つ目は一大国（壱岐）と不弥国が家数表記であること。これは単に文飾だろう。三つ目は奴国、投馬国、邪馬台国の三国が大国であること。広い平野、耕地面積が大国の条件になると判断できる。では、早速不弥国探しを始めよう。

東行至不彌國百里　官日多模　副日卑奴母離　有千餘家

東へ行くと、不弥国に至る。百里である。官は多模と言う。副は卑奴母離と言う。千余家が有る。

本稿では放射説は採らないので、不弥国は奴国の東百里にあることになる。その位置は御井郡の東であれば、八女郡、今の広川町辺りと推定する。しかし、奴国と同様、この辺りに不弥の漢音「ふび」「ふうび」に似た地名は見つからない。そこで、漢字の意味から探ることとしよう。漢字は言うまでもなく表意文字だから、これを手がかりとする。

彌は後漢の時代に成立した漢字字典「説文解字」で、「弓が弛む」と言う意味を表したものともされ、あまねく、永くの意とある。ここから、不弥はその否定形で、「永くない」

つまり、できて間もない国だった、と言う解釈が成り立つ。新しい国なら定まった国名がないので「不弥国」と呼んだのだろう。ただし、この国の位置は地政学的に重要なポイントで、現在も広川町には国道三号線が通っており、熊本方面への交通の要衝なのである。

また、魏志韓伝には馬韓五十か国の一つに「不彌國」を挙げている。たまたま韓伝と倭人伝で、その国名の発音が同じだったので、どちらも不弥国と記録した、と言うよりは、どちらも「新しい国」を意味する、と考える方が適切だろう。と言うことで、不弥国は倭韓とも「新しい国」と解釈できる。

第八話　投馬国

一．水行二十日の起点は帯方郡か

末盧国に上陸した後、伊都国、奴国、不弥国までを放射式ではなく連続式で辿ってきた。伊都国へは北東の糸島ではなく、南東の吉野ヶ里へ向かい、奴国は糸島の北東の福岡平野ではなく、吉野ヶ里の南東の筑後川下流、そして不弥国は奴国の東である八女郡の広川町辺りに比定した。ここまで、方位、距離とも魏志倭人伝に記載されたとおり進み、なんの矛盾点もなかった。

しかし、ここで先賢諸氏すべてが直面する難題にぶつかる。次の二行である。

南至投馬國　水行二十日　官曰彌彌　副曰彌彌那利　可五萬餘戸
南至邪馬壹國　女王之所都　水行十日　陸行一月

普通に読めば、不弥国から南へ船で二十日行ったところに投馬国があり、そこからさらに南へ船で十日行き、上陸したところから一か月歩いたところに邪馬台国がある、と誰もが考えるだろう。これをそのとおり進むと、投馬国も邪馬台国も南方の海中になってしまう。

この難問を、本稿では不弥国からでなく**帯方郡が起点**であると解釈する。古田武彦氏も「水行十日陸行一月は全行程の全所要日数」と述べている。

同様に、奥野正男氏（宮崎公立大学教授　一九三一～二〇二〇）は三国志魏書明帝紀などの旅程の記述方法を調べて、「水行十日陸行一月と言う記述は、帯方郡から女王国までの一万二千里の旅程にかかる日数をあらわしたもの」としている。帯方郡から邪馬台国までは、里数で示せば万二千里、日数で示せば水行十日陸行一月である。**（図11）単位系の異なる距離（里数）の概念と時間（日数）の概念は、当然合算できない。**私は奥野正男氏のこの論旨を敷衍《ふえん》して**「異単位とは合算できない原則」**と呼ぶ。例えば、ここにりんごが

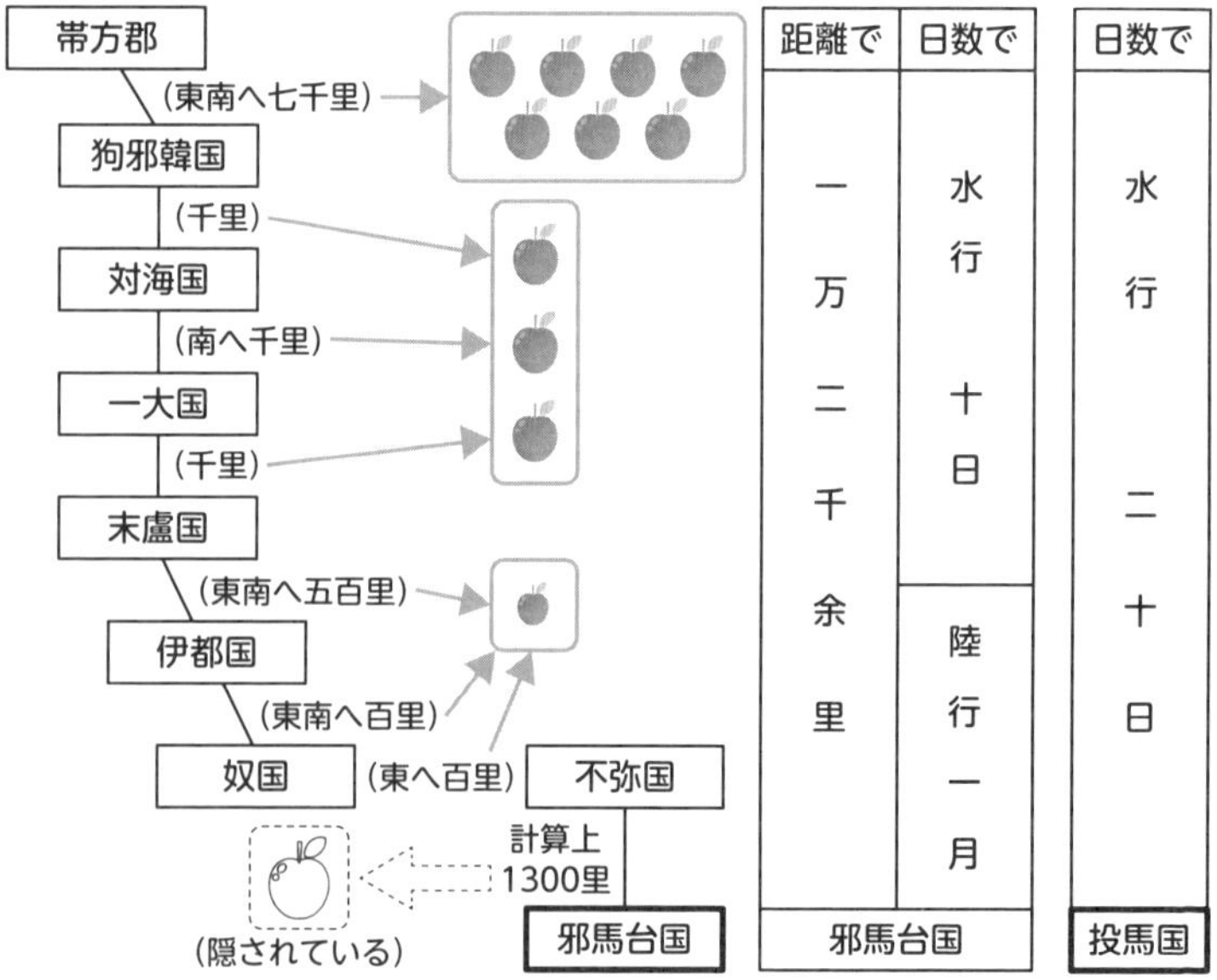

図11　帯方郡から邪馬台国まで里数なら一万二千余里、日数なら水行十日陸行一月。りんごに例えると個数なら12個、重さなら3kg。

七個ある。その隣に三個、次に一個ある。続いて「重さで表すと三kg」とあって、最後にりんごの合計は十二個とある。計算が合わないので一個は隠されていると判る。この場合、単位系の異なる個数と重さを合算しないだろう。三kgのりんごは隠されたりんごの重さではなく、全体（十二個）の重さと考えるのが常識的だ。陳寿にはこの原則が当然念頭にあるので、不弥国までの距離（一万七百里）に、日数（水行十日陸行一月）を合算するはずはないし、水行十日陸行一月の前に、「郡より」と敢えて明記しなくても、帯方郡が起点であることは自明の理であると考えたのである。

なお、陳寿は不弥国から投馬国、邪馬台国への行程を里数では示さなかった。その理由は、投馬国と邪馬台国は不弥国から順に隣接する国であり、その里数は総里数の一万二千里から容易に計算できると判断したためと考えられる。

従って、帯方郡から投馬国までは陸行せず、水行だけで二十日の行程。邪馬台国までは、これも帯方郡を起点として出発し、対馬、壱岐を経由し唐津までの一万里が水行十日、そこから二千里（百五十㎞）は陸行で一か月。百五十㎞は一日の移動が二十五〜三十㎞とすれば、五〜六日で到着できてしまうが、一か月要しているのは、途中で現地調査を行ったためだろう。

調査には一国につき四〜五日かかり、六か国巡っているので、最低二十四日は要する。移動の六日と合わせれば、合計三十日かかることとなり、陸行一月は無理なく理解できる。土地土地の風俗、動植物の生態、政治機構、軍事関連などの情報を、郡使が細かく十分な時間をかけて調べている様子は、魏志倭人伝からも読み取れる。

このように、「異単位とは合算できない原則」を用いれば、「水行二十日」「水行十日陸行一月」の日数を里数へ通算することは無意味なので、榎一雄氏の煩雑な「放射説」は不要になる。榎氏に敬意を表しつつも、ここは念押ししておきたい。

二．投馬国は妻郡（八女市）か備後の鞆（とも）か

投馬国の位置は、不弥国のすぐ南と考え、福岡県上妻郡、下妻郡（現在の八女市）の「つま」で問題なさそうである。「五万戸」とあるが、八女市に矢部川下流域のみやま市、筑後市、柳川市も含まれると考えれば、五万余戸は問題ない。ちなみに、この投馬国は矢部川河口域も含むので、帯方郡から対馬、壱岐のあと、長崎県の西を巡って有明海、矢部川を経由すれば、陸行せずに「水行二十日」が可能である。つまり「南至投馬國　水行二十日」の倭人伝の記述と整合する。

そして、投馬国のすぐ南が、目指す邪馬台国である。国道三号線を南に下って、四十㎞ほどで熊本県山鹿市に到着する。

邪馬台国畿内説では、投馬国は不弥国または伊都国から南へ水行二十日と記されているので、南を東と読み替えて、備後国の鞆《とも》とする説、出雲国に充てる説などがある。備後で下船してそこから陸行する必然性が、個人的には理解できないし、瀬戸内海を通らず日本

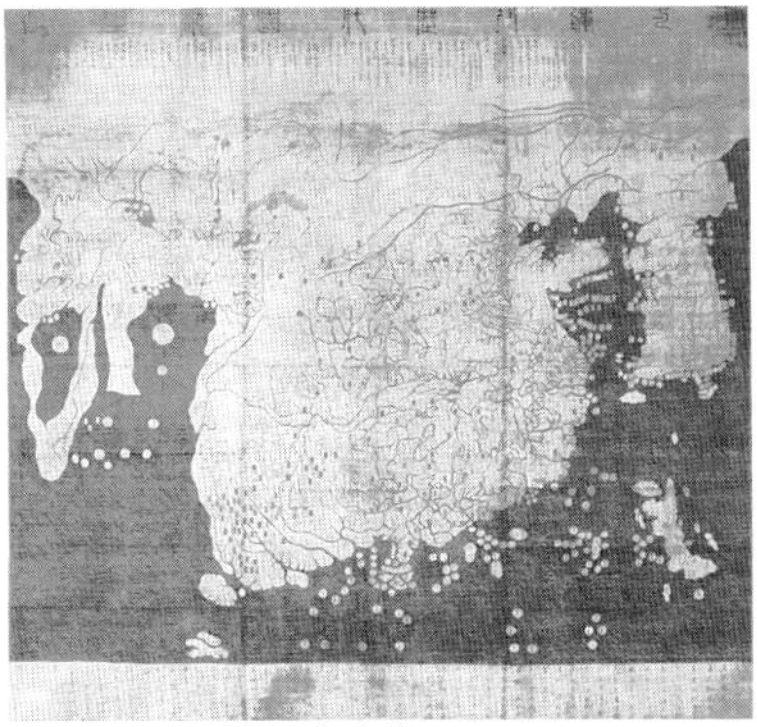

図12　混一疆理《こんいつきょうり》歴代国都之図

海へ迂回する出雲説、丹後説などにも、説得力があるとは到底思えない。

三、南は東の誤記か

畿内説では、「南至投馬國　水行二十日」と「南至邪馬壹國　水行十日陸行一月」にある南は、東の誤記とする。不弥国から南に水行二十日で投馬国、さらに水行十日陸行二十日であれば、九州のはるか南海上に行きつく。東に向かえばヤマトだ。だから、南は東の間違いだと主張する。

この論説を補強するものとして、「混一疆理《こんいつきょうり》歴代国都之図」（図12）がよく用いられる。一四〇二年に李氏朝鮮で作成され、龍谷大学に写本が現存する。朝鮮で作成されてはいるが、十四世紀の二つの中国地図を結合したものとされる。邪馬台国畿内説では、この図のように日本列島が南北に長いと、認識されていた証拠であるとする。一四〇二年に作成されたこの地図一つを根拠に、三世紀の中国でも日本が南北に長いと認識されていたと考えるのは、やはり飛躍しすぎだろう。

また、魏志倭人伝では女王国以北の伊都国に一大率を置くと明確に伝えている。

自女王國以北　特置一大率検察　諸國畏憚之　常治伊都國

女王国より北は、特に一大率を置き、諸国を検察しており、諸国はこれを畏れはばかっている。常に伊都国で治めている。

不弥国から東へ向かえば、邪馬台国は伊都国の東に位置することになるが、右記のとおり伊都国は女王国の北と明記されている。邪馬台国畿内説を唱える方は、これも「北は西の誤記」と主張されるのだろうか。

第九話　邪馬嘉国

一．邪馬嘉国（山鹿）へ一直線

末盧国（佐賀県唐津市）から南東五百里で伊都国（吉野ヶ里）、さらに南東百里で奴国（福岡県久留米市三潴《みずま》町）、次に東へ百里で不弥国（八女郡広川町）、続いて南へ投馬国（八女市）、そしてさらに、その南の邪馬台国（熊本県山鹿市）に到着する。

不弥国から邪馬台国までの距離は、帯方郡から不弥国までの全行程の一万二千里から、不弥国までの一万七百里を差し引いて千三百里となる。一里を七十六ｍとすると、約百㎞である。広川町から山鹿市の直線距離は約五十㎞であるので、距離、方角ともに倭人伝の記述の許容範囲に入る。

現在の福岡県広川町から八女市矢部川流域を通って、熊本県山鹿市までは国道三号線で繋がっている。平安時代中期の延喜式に見える西海道は国道三号線の西側を通るが、同様に広川、山鹿間の経路を確認できる。私は、この山鹿市に邪馬台国があったと考えている。帯方郡から山鹿までが最短距離になるので、本書カバー（表紙）に示したとおりその経由地が、きれいに一直線上に並ぶ。このことだけでも、他のどの比定地よりも説得力が優ると思っている。数学の定理が単純で美しいのと同様である。（注5）

魏志倭人伝に書かれている「可七萬餘戸」（推計七万余戸）の戸数も、山鹿の南に広がる肥沃な熊本平野と見ると倭人伝の記述に合致する。（注6）

邪馬台国を山鹿に比定する、その文献的な根拠は「翰苑《かんえん》」にある。翰苑とは初唐（七世紀）に成立した、張楚金撰、雍公叡の注になる類書（文例集）である。中国にも現存せず、唯一、太宰府天満宮に第三十巻及び叙文のみが残る。国宝であるこの写本は、その書体から平安時代初期（九世紀）に筆写されたと推定されている。翰苑は誤記が多く、史料として使用するには注意を要すると言われている。

翰苑は魚豢の魏略から多くを引用しているが、その魏略からの引用部分には、「邪馬台国」は一語も出現しない。それを補おうとしたためか、翰苑が引用する「廣志」には、一か所だけ邪馬嘉國が登場する。

廣志日　倭國東南陸行五百里　到伊都國　又南至邪馬嘉國

と記されており、伊都国の南に邪馬嘉国があるとする。翰苑に誤記が多いとは言え、「邪馬嘉国」の四文字は重要視すべきと考える。なお、翰苑の文中には奴国・不弥国・投馬国が見えない。この三国はいずれも肥国ではなく、筑紫国エリアに存在することを裏付けているのかも知れない。翰苑も正史ではないが、その翰苑が引く廣志と言うのは、いわゆる民間書に相当する。

翰苑の誤記の多さと、廣志の権威感の乏しさはあるものの、翰苑の写本回数は正史である三国志などよりも少ないことを考慮すれば、「邪馬嘉国の語が中国の史書に存在した」と言う事実は、もう少し認識されても良いだろう。

二、邪馬嘉国の考古資料

邪馬台国（邪馬嘉国）が山鹿にあったことを示すには考古資料が必要であるが、まず、方保田《かとうだ》東原《ひがしばる》遺跡について考察する。

この遺跡は山鹿市にあり、菊池川流域の台地上に広がる、弥生時代後期から古墳時代前期の集落遺跡である。東西千二百ｍ、南北三百五十ｍに及ぶ。発掘調査の結果、幅八ｍの大溝をはじめとする多数の溝や百を超える住居跡、土器や鉄器の製作工房と考えられる遺構が発見されている。また、全国で唯一の石包丁形鉄器や、特殊な祭器である巴形銅器（図13）など、数多くの青銅製品や鉄製品が出土しており、相当な規模を誇った弥生後期遺跡である。

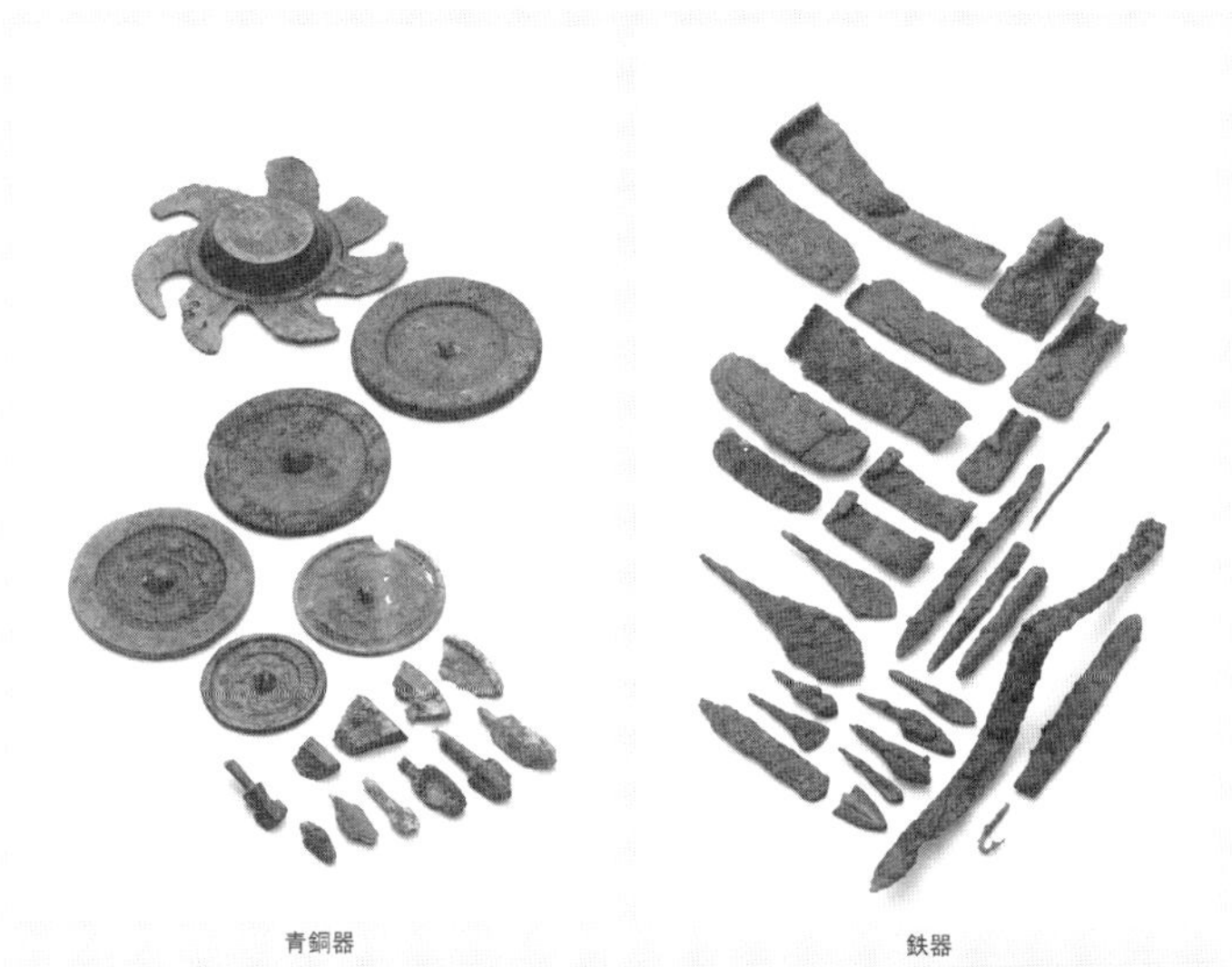

図13　方保田東原遺跡出土の巴形銅器（山鹿市教育委員会提供）

道すがら② 巴形銅器について（FAQ）

邪馬台国

Q：巴形銅器ってそもそも何なの？

A：巴形銅器は青銅製の装飾具の一種です。用途ははっきりとはしていませんが、盾などにとりつける呪具（魔よけ）と考えられています。

Q：おもしろいカタチしてるね。

A：特徴的なその形は、奄美などに見られるスイジガイ（水字貝）と言う巻貝を模したものではないか、と言う説が有力です。

Q：巴形銅器と邪馬台国って関係あるの？

A：魏志倭人伝の行程記事の順路に沿うように、ソウダイ遺跡（対馬）、桜馬場遺跡（唐津）、吉野ヶ里遺跡（＊）、そして方保田東原遺跡（山鹿）から出土しているので、巴形銅器と邪馬台国は関連があるようにも思えます。この四つの遺跡以外では、熊本県（三遺跡）、福岡県糸島市、春日市（＊）、福岡市（＊）の遺跡で見つかっています。（*は鋳型）九州以外では、愛知県の朝日遺跡（図14）や関東からも発掘されています。

Q：これまでに何点くらい見つかっているの？

A：確認されている巴形銅器は弥生期三十点強、古墳期八十点以上とのことです。（「まいぶん愛知 no.71」愛知県埋蔵文化財センター二〇〇三年一月発行）

Q：どんな種類があるの？

A：弥生時代のものと古墳時代のものに大きく二つに分かれます。弥生時代の巴形銅器の羽根（脚）は原則五、六、七脚式で、左捩《よじ》り（羽根が左向き）です。古墳時代のものは近畿方面で多く見られ、ほとんどが四脚式になります。

Q：と言うことは、九州の文化が畿内に伝わった？

A：弥生時代に北部九州で始まった鉄器や絹の使用が、古墳時代になって畿内へ伝播し、初期古墳文化となったと考えられているのですが、それと同様の動きが、巴形銅器にも当てはまりそうです。

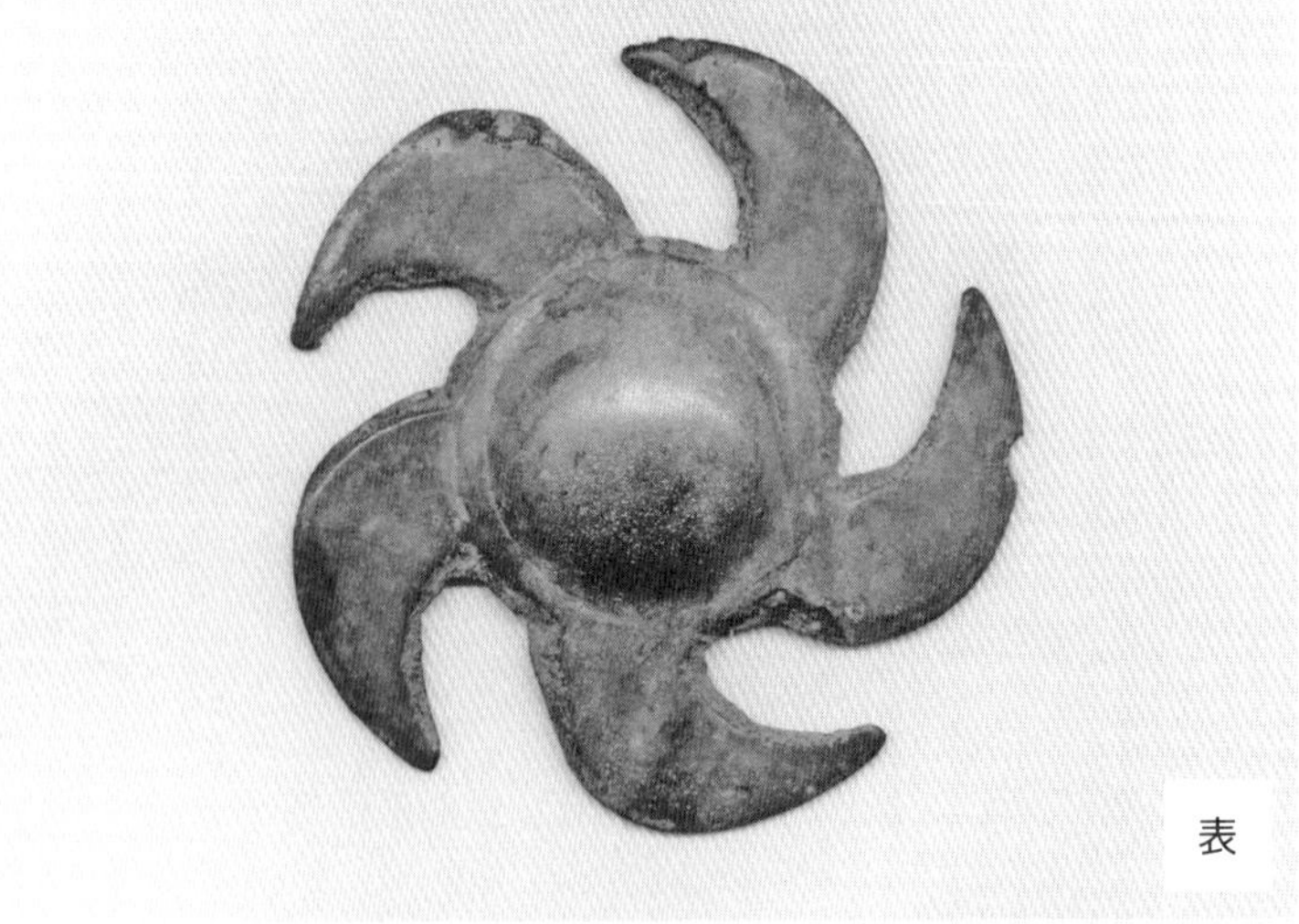

図14　巴形銅器（愛知県朝日遺跡から出土）　提供：公益財団法人愛知県教育・スポーツ振興財団愛知県埋蔵文化財センター

遺跡の規模などから、山鹿に有力な勢力が存在したことは確かである。また、魏志倭人伝によると、邪馬台国の卑弥呼には千人の下女が仕え、宮室、楼観、城柵を設けていると書かれているので、この地が邪馬台国であった可能性は捨てきれない。出土した銅鏡は内行花文鏡（銘文なし、完形七・五㎝、一九八二年発掘）で仿製鏡（倭製）ではあるが、異体字銘帯鏡（前漢鏡）と考えられる縁のみの破片も出土している。（南健太郎氏　二〇〇七年）

ところが、方保田東原遺跡には墳丘墓がなく、甕棺も出ていない。これだけの規模の遺跡に墳墓がないのは、むしろ不自然で、穿《うが》った見方をすれば、この遺跡の首長は、何らかの理由で他の地へ移動したと考えると腑に落ちる。

つまり、邪馬台国（邪馬嘉国）の卑弥呼は、その南方の狗奴国から攻められて、北方へ遷都したのではないだろうか。

現在までに発掘調査が行われた面積は、全体の五％にも満たないとのことなので、今後の詳しい調査が待たれる。

考古資料ではないが、山鹿の灯籠まつりをここでご紹介したい。その起源は、深い霧に行く手を阻まれた十二代景行天皇の巡幸を、山鹿の里人たちが松明《たいまつ》を掲げ無事に迎えたことに由来すると言う。金灯籠を頭に掲げた女性が舞い踊る「千人灯籠踊り」が生まれたのは昭和三十二年のことであるが、「千人」と聞けば、魏志倭人伝の「侍女千人が卑弥呼に仕えた」の記述を思い出す。

三．倭（ゐ）国は肥（ひ）国

末盧国（唐津市）以降の国々、伊都国（吉野ヶ里）、奴国（久留米市三潴町）、不弥国（八女郡広川町）、投馬国（八女市）、邪馬台国（山鹿市）を図示すると図10（76ページ）のようになる。奴国、不弥国、投馬国の三国は筑紫国であるが、それ以外はすべて肥国エリアである。奴（と）国は「そとの国」で、不弥国、投馬国とともに当時も区画的には肥国外だったが、政治的にはこれら六国は肥国（倭国）として連合していたに違いない。国々は卑弥呼を女王として共に立てたと魏志倭人伝にある。

肥の国が筑後川流域の現在の福岡県を挟んで、佐賀県の肥前と熊本県の肥後に、すでにこの時代から分断されていた理由は不可解であるが、どのみち筑後川は船で渡るしかない

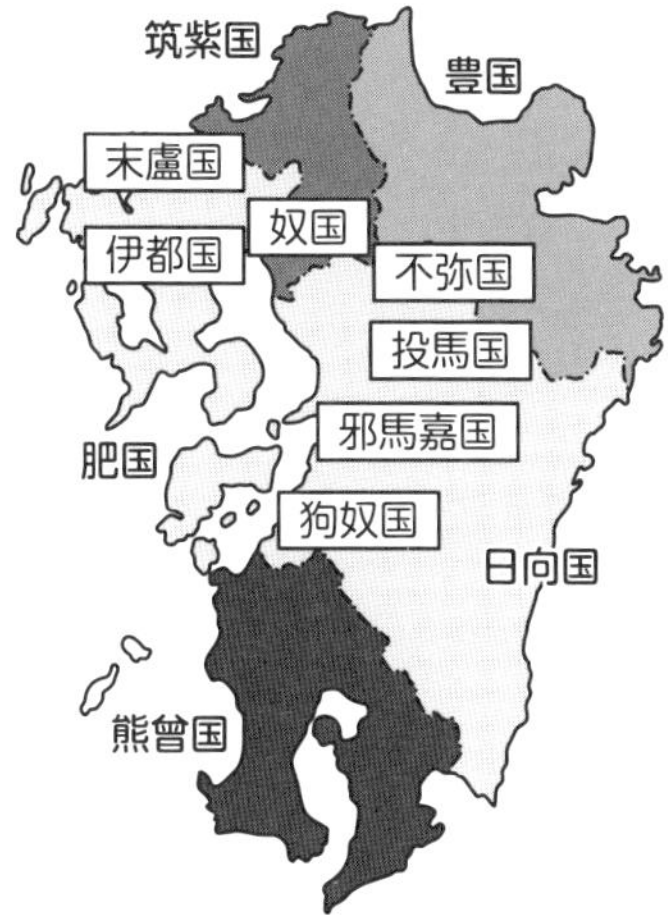

図15

のだから、肥前と肥後は有明海を使った海上交通で繋がっていたのだろう。伊都国では役人が臨海で調査確認する（郡使倭國皆臨津捜露）と倭人伝にあることも、海上交通が盛んであったことの証左となる。

図15にある筑紫国、豊国、肥国、熊曾国については、ご存知の方も多いと思うが古事記に次のような記述がある。イザナギとイザナミは、淡路島・四国・隠岐島の次に筑紫島（九州）を生んだ。この島もまた、（四国と同様）身体は一つだが顔が四つあり、それぞれの顔に名前がある。すなわち、

◇筑紫国（ちくしのくに）を白日別（しらひわけ）と言い、

◇豊国（とよのくに）を豊日別（とよひわけ）と言い、
◇肥国（ひのくに）を建日向日豊久士比泥別（たけひむかひとよくじひねわけ）と言い、
◇熊曾国（くまそのくに）を建日別（たけひわけ）と言う。

肥国だけ長いことに違和感があるが、建＋日向＋日＋豊＋久士比泥（くじひね）と分けて考えれば見えてくる。南から順に鹿児島県（建）＋宮崎県（日向）＋熊本県（日）＋大分県（豊）となるので、久士比泥（くじひね）は肥前国（佐賀県・長崎県）と考えられる。すなわち、筑紫、豊、熊曾は単一国で、肥国だけは連合国だったと考えれば納得しやすい。邪馬台国以前、または以後は鹿児島、宮崎、熊本、佐賀、長崎に及ぶ広範囲な連合があった痕跡かも知れない。

このように見てくると、中国の史料だけでなく、日本側の史料である古事記からも、筑紫国は邪馬台国（女王国）連合から独立した勢力であったことが裏付けられた。そして、同時に邪馬台国（女王国）連合は肥国のエリアに、ほぼ収まることも確認できる。つまり、倭（ゐ）国は肥（ひ）国であり邪馬台国（女王国）連合に他ならない。さらに言えば、肥国の役人が、「自分の国の名は、〝ひ〟の国である」と言ったのを、帯方郡使は倭（ゐ）国と音写したと考えるのは穿《うが》ちすぎだろうか。

四．これまでの邪馬台国肥後山門郷説

邪馬台国を熊本県に比定した論説は、古くから多数存在する。そのうち主なものを列記する。数字は生没年と著述年。

◇近藤芳樹氏（幕末の国学者　一八〇一～一八八〇）『征韓起源』（一八四七年）

◇白鳥庫吉氏（東京帝国大学教授　一八六五～一九四二）『卑弥呼問題の解決』（没後一九四八年出版）

◇太田亮氏（立命館大学教授　一八八四～一九五六）『日本古代史の新研究』（一九二八年）

◇藤井甚太郎氏（一八八三～一九五八）「筑紫辺防考（東京帝国大学卒論）」（一九〇九年）

近藤、白鳥、太田各氏は肥後国菊池郡山門郷、藤井氏は肥後国内としている。

邪馬台国を肥後国菊池郡山門郷に比定するのは、筑後国山門郡とするのと同様に、邪馬臺（台）国を「やまと」国とよんで「山門」を連想するためと考えられる。

だが、私は、翰苑の邪馬嘉、魏志倭人伝の邪馬壹（壱）は誤記、誤写ではないとの立場であり、さらに言語学的にみて、山門のト音は上代特殊仮名遣で甲類、邪馬台の台は乙類

のト音に分類される（大森志郎氏『魏志倭人伝の研究』宝文館　一九五五年）ことからも、山門や大和の地名のついた場所を、「やまと」の音韻のみを根拠にして、邪馬臺（台）国の比定地にすべきでないと考えている。

次に、考古学面からの検証も行う。平安時代の辞書である和名類聚抄《わみょうるいじゅしょう》には、肥後国菊池郡に九郷あり、その一つが山門郷であると確かに記されており、その場所は一説には迫《はざ》間《ま》川流域、他説では菊池市旭志弁利に旧藩時代に存在した岩本村とする。熊本県のウェブサイト「菊池市」には、岩本村の「岩本は岩木山門の転語から由来した」と書かれている。

そこで、菊池市内の遺跡を調べてみると、迫間川近くの菊池市七城町大字台《うてな》に、うてな遺跡がある。弥生時代後期の集落跡には、二重もしくは三重に巡る環濠があるが、面積は八千㎡（約九十m四方）と小規模である。これは山鹿市の方保田東原遺跡の五十分の一ほどの大きさである。この遺跡から、古墳時代前期の方形周溝墓三基、木棺四基、壺棺一基が出土し、壺棺からは赤色顔料が点在状態で検出されている。

また、一部に貨泉が出土したとの説もあるが、この古銭は正しくは十一世紀の皇宋通寳《こうそうつうほう》である。（熊本県文化財調査報告第二二集　一五四頁）もちろん断定はできないものの、規模や出土品から見て、この遺跡が邪馬台国ゆかりとは考えにくい。山門郷のもう一つの候補地、旧旭志村近辺には東鶴遺跡があるが、千七百㎡と言う規模から、邪馬台国との結びつきはなさそうである。

以上のことから、菊池郡山門郷を邪馬台国の候補地に比定するには無理があると言わざるを得ない。

邪馬台国九州説に先鞭をつけられ「東の白鳥庫吉、西の内藤湖南」と称せられた白鳥庫吉氏をはじめとする先賢の方々に敬意を表しつつも、遺跡の発掘が進んでいなかった当時のことを考えればやむを得ないが、考古学の傍証なしに史料だけ、音韻だけで比定地を立説する危うさがここにある。

五．邪馬台国を経済面で支えたベンガラ

邪馬台国（邪馬嘉国）があった山鹿地域は、菊池川が流れる内陸の盆地であるため、多くの人口は望めない。それにも拘らず強国たり得た理由を以下で探る。倭人伝には七万戸を有するとされているので、その人口の大部分は山鹿地域の南に広がる熊本平野に居住していたと推察される。このことから、邪馬台国の経済を支えたのは、熊本平野での農業生

産であることに疑いはない。ただ、この地域の土壌は稲作には適さない、阿蘇の火山灰が混じる黒ボク土なので、畑作が主体だったと考えられる。農業に加えて国力を増強させていた決め手は、阿蘇のベンガラではないだろうか。

弥生時代から古墳時代までに使用された赤色の顔料は、朱とも呼ばれる辰砂《しんしゃ》と、ベンガラの二種類がある。辰砂は硫化第二水銀を主成分とし、ベンガラは酸化第二鉄を主要発色成分とする。

墳墓の石室や棺の内部、遺骸の全体または頭胸部が赤く塗られていることがあるが、これは辰砂かベンガラによるものである。前期古墳のほとんどが何らかの形で赤色顔料を使っている。（本田光子氏　一九九五年）

このベンガラの素材となる阿蘇黄土（褐鉄鉱）は、山鹿市に近い阿蘇市狩尾などで産出する。二十一世紀の今日でも狩尾地区にある「株式会社日本リモナイト」では水田地帯の真ん中で阿蘇黄土を採掘している。

余談であるが、阿蘇の最高峰は高岳の一五九二mで、「ひごのくに」と覚える。東京スカイツリーは六三四mで「むさし」であることよりも認知度が低いのは残念である。

山鹿市と阿蘇市の中間が菊池市である。狗奴国は、この阿蘇のベンガラの利権獲得を目的に、邪馬台国と戦ったのではないだろうか。狗奴国には狗古智卑狗と言う官があったと倭人伝に記されており、これは「きくちひこ」を連想させる。狗奴国が邪馬台国を攻めるのに、熊本平野の制圧を目指すのではなく、菊池地域に陣取ったことは容易に想像される。

注5

オイラーの等式 $e^{i\pi}+1=0$ を例にとる。

この e と言うのは自然対数の底で、解析学で定義されるのに、円周率 π（幾何学）、虚数 i（代数字）と組み合わされて見事に単純化された式に収まっているところが素晴らしい。（見た目を述べており、私は内容を全く理解していない）これと同様に文献史学の要素と考古資料を組み合わせて、単純で機能化された一直線になっているのも、実に美しい。

注6

古代の人口研究によれば、九州における縄文から弥生にかけての人口密度は、有明海沿岸及び筑後川沿岸に集中している。また江戸時代・明治時代においても、福岡市などより九州中部（嘉穂郡、朝倉郡、筑紫郡等）の方が人口が多い。（小山修三氏）

第十話　邪馬壱国

一．邪馬嘉国から邪馬壱国（八女）へ遷都

邪馬台国は邪馬嘉国であって、山鹿市に存在したと、いったん結論づけた。

しかし、山鹿市に方保田《かとうだ》東原《ひがしばる》遺跡と言う有力な考古遺跡があるものの、墳墓がないし銅鏡をはじめとする魏朝との繋がりを示す遺物も見つからない。これでは、山鹿が邪馬台国であることの説得力は乏しいと言わざるを得ない。

そこで、発想を変えて邪馬嘉国は狗奴国に攻められて北方へ後退したと考えてみる。そうすると辻褄が合ってくる。時系列で考えてみよう。

二三八年	六月　魏へ遣使（一回目）。十二月金印、銅鏡など下賜する詔書出される。	
二四〇年	**梯儁《ていしゅん》が親魏倭王の印綬を倭国へ届け授けた。**	**郡使① ➡ 梯儁《ていしゅん》：山鹿**
二四三年	魏へ遣使（二回目）。	この頃（二四五年頃）遷都
二四七年	郡へ遣使（三回目）。邪馬台国は狗奴国と不和。	
二四七年	**張政を派遣し詔書、黄幢をもたらした。**	**郡使② ➡ 張政：八女**
二四八年	卑弥呼死す。	

二四〇年の帯方郡使梯儁《ていしゅん》は邪馬嘉国（山鹿市）に来ていた。その後（二四五年以降？）、邪馬嘉国は、狗奴国に攻められたため、邪馬壱国（八女市）へ移った。

卑弥呼は邪馬嘉（山鹿市）には墳墓も宝物も残さず、邪馬壱へ移動した。だから、山鹿市の方保田東原遺跡からは、住居跡と土器類しか出ない。

二四七年に二人目の帯方郡の郡使である張政は、遷都後の邪馬壱国に来訪した。

梯儁と張政は、それぞれの国の名を正しく報告したが、三国志（魏志倭人伝）の撰者（著者）である陳寿は自身が当惑したのか、女王国が二国（二種）記載されることへの混乱を敢えて避けるためか、邪馬壱国の記録のみを残し、邪馬嘉国を消し去ったのだろう。梯儁の報告した邪馬嘉国はこのようにして、正史である三国志（魏志倭人伝）には残らなかったものの、唐の時代の類書である「翰苑」にはかろうじてその名をとどめた。

魏志倭人伝には、「邪馬壹国」は一回しか出現しないが、「女王国」が五回現れる。陳寿は倭国に邪馬嘉国と邪馬壱国の二つの都があったことを考慮して、意図的に「女王国」と言う表現を多用したと考えれば、倭人伝の中に「邪馬壱国」が一か所しか書かれていない理由の一つにはなる。

その邪馬壹（壱）国は、文中次の箇所に現れる。

南至邪馬壹國　女王之所都　水行十日　陸行一月　官有伊支馬
次日彌馬升　次日彌馬獲支　次日奴佳鞮　可七萬餘戸

官は伊支馬（いきま）が有る。次いで弥馬升（やましょう）と言う。次いで弥馬獲支（やまかき）と言う。次いで奴佳鞮と言う。

邪馬壱国の官が四人挙げられており、このうち三人に馬の字がつく。根拠はなく想像だけなのだが、この三人で次のように分掌していたと考えてはどうだろう。

官名	分掌地域
伊支馬（いきま）	邪馬壱（八女市）
彌馬升（やましょう）	山門　（みやま市）
彌馬獲支（やまかき）	邪馬嘉（山鹿市）

四人目の奴佳鞮は仲介、調整役であろう。「仲手」を連想させる。当然ながら、卑弥呼はこれらの各国の統括であり、邪馬台国連合すなわち倭国の盟主である。

二、邪馬壱（やまゐ）は連母音融合で八女（やめ）に

遷都後の邪馬壱（やまゐ）国が八女（やめ）市であることを検証しよう。

まず、考古学的な検証から行う。八女市の矢部川沿いで邪馬台国と比定できる遺跡はあるだろうか。比定地候補の一例ではあるが、八女市新庄に六反田遺跡がある。弥生時代中期から後期にかけての密度の高い集落群で、一万㎡の広さがあり、甕棺墓群と土壙墓《どこうぼ》（遺骸を直接埋める墓）が発掘されている。ちなみに六反歩は、江戸時代以前の単位では約六千㎡になる。六反田遺跡は広さは十分ではあるが、現時点の出土品を見る限り、邪馬台国の比定地とする決め手には欠ける。出土品が乏しい理由として考えられるのは、二四八年に八女で卑弥呼が亡くなったため、すぐに、例えば平塚川添遺跡（朝倉市）へ遷都したからとするのはどうだろう。八女に都する期間は二四五年からの三年間と短かったため、八女には王都に相応しい遺物を残せなかったのである。平塚川添遺跡は、周囲に多重の環濠を持つ大規模集落であり、銅矛片・銅鏃・小形仿製鏡・貨泉などの青銅製品も出土している。

次に、邪馬壱国が八女である根拠をその地名の音から提示する。「やまゐ」は連母音融合によって「やめ」に変化したのだ。

「無い」を「ねー」、「寒い」を「さみー」のように言う連母音の融合は、東日本方言や中国方言、九州方言では盛んで、北陸方言・近畿方言・四国方言では、ほとんど起こらない。「ゐ」は子音なので、いったん「ゐ」が母音の「い」に変化したあと、連母音融合したと考えられる。（やまゐ↓やまい↓やめ）同じ福岡県に志免《しめ》と言う地名があるが、志免も同様に「しまい」が連母音融合で「しめ」に変化した可能性もある。

志免には方ヶ島《ほうがしま》遺跡があり、昭和初期には方ヶ島八幡宮があったと言う。方ヶ島の「島」を歴史的に辿れば、かつてこの地に島井と言う地名があり、「しまい」↓「しめ」の連母音融合が起きたことが確認できるかも知れない。

文献史学的にもアプローチしよう。八女の地名の由来は、八女市役所のウェブサイト「八女津媛神社」によると、「景行天皇が八女の地に巡幸の折、水沼の県主猿大海が『この地方に女神あり。その名を八女津媛と言い、常に山中におる』と奉上したことから八女の地名が起こったと言われ、その女神を祀ったのが八女津媛神社」であると言う。日本書紀に記された景行天皇の巡幸を三二〇年頃とすると、二四七年の張政の邪馬壱国派遣からの年数は七十年以上あり、この年数の間に、邪馬壱（やまゐ）が八女（やめ）に変化する時間は十分あったと思われる。

三．卑弥呼の墓はどこだろう

ここまでの検証で、私が邪馬壱国を八女に比定した理由をご理解いただけたと思う。しかし、卑弥呼の墓は八女ではなく、六反田遺跡の十二㎞北の福岡県久留米市御井町字高良山に位置する祇園山古墳と考える宝賀寿男氏の説を支持したい。

この古墳は、邪馬壱国の本拠地である八女より北で、しかも耳納山の北側の地にあり、卑弥呼をここに葬ったのは、南の狗奴国からの攻撃に備えるためかも知れない。墳頂部の箱式石棺は、古い時代に盗掘を受けたとみられ、主体部の副葬品は失われているので、「親魏倭王」の金印もすでに盗掘されている可能性が高い。

宝賀寿男氏は、墳墓の基部の一辺は約二十三～二十四ｍ・斜径三十三～三十五ｍで下部が楕円状であること、箱式石棺が内部主体になっていて明確な槨《かく》がないこと、石棺に朱が塗られていること、周囲に小型墓群があること（殉葬者と考えられる）、そのうちの第１

号甕棺墓（K1）からは後漢鏡片や大型勾玉などの豪華な装身具が出土していること、などが魏志倭人伝の卑弥呼の墓の記載と一致するとしている。（「卑弥呼の冢補論」二〇〇一年）

一方、邪馬台国畿内説では、卑弥呼の墓は箸墓古墳とする説が有力である。箸墓は奈良県桜井市にあり、宮内庁から七代孝霊天皇皇女の倭迹迹日百襲姫命《やまとととひももそひめのみこと》の墓に治定《じじょう》されている。纒向遺跡の箸中地区に位置し、前方後円墳の中でも最古級と考えられている。

魏志倭人伝は卑弥呼の墓について、「大作冢　徑百餘歩　徇葬者奴婢百餘人」（冢《ちょう》を大きく作った。直径は百余歩。殉葬者は奴婢百余人。）と記している。

径百歩の大きさの判断は難しいが、箸墓古墳は円墳ではないこと、殉葬跡が存在しないこと、三世紀後半と言われる築造時期が卑弥呼の没年（二四八年頃）と合わないことの三点で、箸墓古墳は卑弥呼の墓ではない、と私は考える。

第十一話　邪馬壱国か邪馬台国か

一．邪馬臺（台）国ではなかった？

ほとんどの人は、教科書で邪馬台国と言う国名を教えられるためか、これが当たり前と思い込んでしまっている。本稿でも邪馬嘉としたり邪馬壱と言ったりしているので、この混乱を避ける意味もあって、ほぼすべての部分で邪馬台国を通称として用いている。魏志倭人伝も、正式には三国志「魏書」烏丸鮮卑東夷伝の中の「倭人条」であるが、通称である魏志倭人伝を使用しているのと同様である。

その誰もが疑いを持たずに使っている邪馬台国と言う語に、強く反発したのが古田武彦氏で、その著書『「邪馬台国」はなかった』（朝日新聞社　一九七一年）において「邪馬壱国」が正しいと主張した。三国志全巻の「臺」「壹」の用例をすべて調べ上げたが、取り違えて「壹」と誤記していると思われるところはない、とした。

さらに、塚田敬章氏は隋書、後漢書などに見える「魏臺訪議」(魏帝もしくは朝廷が意見・理由をたずねる)と言う言葉から、明帝(曹叡)を含む魏の朝廷を表す重要な文字である「臺」を蛮夷の国名に当てることはないとする。タイ音の文字は、他にいくらでもあるのに敢えて「臺」を選ぶ理由は見当たらない。

古田武彦氏(一九二六〜二〇一五)に異を唱えたのが、同じ九州説を採る安本美典氏(一九三四〜)である。古田氏の邪馬壱国説への反論が二〇一九年七月の安本氏講演会(第三八一回邪馬台国の会)の記録にある。「邪馬壱国」の部分のみを端折って要約すると次のとおりである。

(1)三世紀の原本は、存在していない。

(2)現存する版本は、十二世紀のもので原本から九百年の歳月が流れている。臺が壹に誤写、誤刻されたと考えられる。

(3)後漢書、梁書、北史、隋書、通典、翰苑に加え、宋代の太平御覧が引用する魏志のどれもが「邪馬臺国」としている。

二．「邪馬壹」は陳寿の暗号

邪馬壱《やまゐ》が連母音融合で八女《やめ》になったこと、壹は臺の誤記ではないこと、臺という文字を敢えて東夷の国に用いるのは不自然であることを述べてきたが、邪馬壱が正しいことのもう一つの根拠を示そう。魏の武将、司馬懿《しばい》をご存知の方は多いだろう。三国志演義で諸葛亮（孔明）、劉備、曹操に並ぶ登場人物である。有名な故事、「死せる孔明、生ける仲達を走らす」の仲達は、司馬懿の字《あざな》である。また遼東（楽浪郡・帯方郡）太守だった公孫淵が、魏に背いて二三七年に燕王を称したため、司馬懿は魏の第二代皇帝である明帝から二三八年（景初二年）に、この反乱を征討するよう命じられた。この司馬懿による公孫氏の滅亡が、二三八年の卑弥呼による帯方郡への遣使に繋がった、とする見方もある。

村上通典氏によれば、その司馬懿《しばい》の懿を分解すると、壹と恣になり、司馬懿は司「馬壹」恣となって、邪「馬壹」に繋がる。魏志倭人伝の著者陳寿は「やまゐ」の音に、邪馬壱国に縁の深い司馬懿の馬壹の文字を意図的に当てることで、司馬懿の面影を忍び込ませた。すなわち、陳寿がこのような**意図的な暗号**を使って邪馬壹（壱）国と記したのだと言

邪馬壹国	邪	馬壹	国
司馬懿	司	馬壹	＋恣

う。以上のことから、邪馬壹（壱）は邪馬臺（台）の誤記では決してないことが、いっそうご理解いただけると思う。

しかし、右で「臺」は高貴な語なので、東夷の国に使うはずがない、と言っておきながら、魏のトップの武将の名を野蛮な国に使うのは矛盾ではないか、との声が聞こえてきそうだ。これについては、司馬懿は間違いなく名将であり、明帝からの厚い信頼を得ていたとは言え、巷間では意外に評判が良くないようだ。遼東戦の戦後処理で残虐な行為があったこと、魏王朝の簒奪《さんだつ》を考えていたとされることなどで、後世の評価は必ずしも高くないことを付言しておく。

三、邪馬壹（壱）が邪馬臺（台）に変わった理由

ここからは、正しいはずの邪馬壱国の表記が、どのようにして邪馬台国に変わったのか、その経緯を見ておこう。

確かに、魏志倭人伝中には邪馬臺（台）国の文字はなく、邪馬壹（壱）国と表記されて

いる。一方で、魏志倭人伝より百四十年もあとに書かれた「後漢書」東夷列傳倭条の冒頭に次のような記述があり、邪馬臺（台）国と書かれている。

倭在韓東南大海中　依山島爲居　凡百餘國　自武帝滅朝鮮　使驛通於漢者三十許國　國皆稱王　世世傳統　其大倭王居邪馬臺國

倭は韓の東南大海の中に在り、山島に依りて居を為す。凡そ百余国あり。武帝、朝鮮を滅してより、漢に使駅（訳の誤記か）を通ずる者、三十許国なり。国、皆王を称し、世世統（家系）を伝う。其の大倭王は邪馬臺国に居る。

ところが、この記事について、唐の李賢（章懐太子）は、

案今名　邪摩惟音之訛也

案ずるに、今の名は、邪摩惟の音の訛《なま》りなり。

と注して、「邪馬臺」と言う今の名は、過去には「邪摩惟」の音だったと言っているの

だ。「邪摩惟」の読みは「やまゐ」であろう。すなわち、魏志倭人伝の「邪馬壹國」の表記は「臺」の誤写ではなく、「壹」で正しいことを示している。また、邪馬壹の「馬」は「摩」と同音、「壹（ゐ）」は、「邪摩惟」の「惟（ゐ）」と同音であることも分かる。

邪馬壱が邪馬台に変わったのは、中国側だけの事情なのか、日本側の都合もあるのかの二者択一になる。前者であれば、誤記の可能性が高い。後者であれば、例えば、九州の地名である「ヤマヰ」が、中国の史書に残るのを嫌がった倭の五王が、朝献、上表に際して畿内の地名である「ヤマト」の音を、中国側にアピールした可能性も考えられる。

後漢書の成立は四二四年なので、四一三年の東晋、四二一年の宋への倭王讃の朝貢と時期は符合する。後漢書の編者范曄《はんよう》が宋の人であり、倭の四二一年の使者と直接会って、使者が強く訴える「ヤマト（邪馬台）」音を聞いたと考えられなくもない。自分の耳で「ヤマト」音を聞くに及んで、范曄も邪馬臺（台）にやむなく書き替えたのだろう。

四．壹（壱）と臺（台）—略字と代用

壱は壹の略字であるので、台も臺の略字であると勘違いしている人もあるだろう。しか

し、「台」と「臺」は、もともと別字であり、例えば天台宗を天臺宗と書くのは絶対にやってはいけない間違いである。

後漢の西暦一〇〇年に成立した最古の部首別漢字字典である「説文解字《せつもんかいじ》」で調べてみると、「台」も「臺」も確かにどちらの字も収録されている。また、時代は相当下るが、清代の「康熙字典」には、台は臺の俗字と言う記述は見当たらない。これらのことからも、台と臺は別字であることが分かる。邪馬臺国を邪馬台国と書くのは、年齢を年令と書くのと同じで、「代用」と言うことになる。一方、「壱」の字体は説文にも「康熙字典」にも載っていない。「壱」は「壹」の行書や草書からできた略字である。

本稿では、邪馬「臺」國の代用として邪馬「台」国を用い、邪馬「壹」國の略字である邪馬「壱」国を通例に従って使う。

道すがら③　漢字四択クイズ

突然ですが、ここでクイズです。次の四つのうち、正しいのはどれでしょう。

A　臺灣　B　台灣　C　臺湾　D　台湾

台湾の語学学校で外国人向けに使う教科書『新版實用視聽華語（一）』では、Aが正解で、Bも使って良い。CとDは使用不可となります。理由は「湾は簡体字であるから使用できない。また、台は臺の簡体字ではない。異体字である台はなるべく使わない方が良い。」とあります。（台湾教育部の方針　二〇一〇年）台湾政府は、政治的な理由により、公式文書での簡体字の使用については、厳しい制限をしているようです。

第十二話　狗　奴　国

一．狗奴国そして「自郡至女王國萬二千餘里」

邪馬台国までの道のりについては、魏志倭人伝の行程記事を全文載せて、自説を述べてきた。続いて出てくるのが、旁国二十一か国に関する次の記事である。

自女王國以北　其戸数道里可得略載　其餘旁國遠絶　不可得詳
次有斯馬國・・・（十九国記載）・・・次有奴國　此女王境界所盡

女王国以北は、其の戸数・道里を略載することが可能だが、其の他の旁国は遠く絶《へだ》たっていて、詳《つまびらか》に得ることができない。

斯馬国・・・（この間十九国記載）・・・奴国。これが女王の境界が尽きる所である。

女王国以北の二十一か国の位置を、どこに充てるかは本稿では試みない。

そして、その次に狗奴国の記事が現れる。

其南有狗奴國　男子爲王　其官有狗古智卑狗　不屬女王

其の南には狗奴国がある。男子を王と為し、其の官に狗古智卑狗が有る。女王に属さない。

ここには、狗奴国は女王国に属さないことしか書かれていないが、この後の正始八年（二四七）に卑弥呼は狗奴国の男王である卑弥弓呼と不和であることを帯方郡に報告した、と記す。この報告を受けて、帯方郡は張政等を派遣し、詔書黄幢をもって諭したとされている。

狗奴国の比定地については、球磨川流域と推定する。この地域には、脚台付甕型土器や免田式土器（重弧文土器）**（図16）**が分布しており、邪馬台国とは違った文化を持っていたようだ。熊本県の南端、球磨川上流のあさぎり町免田には六世紀頃の横穴式石室を持つ

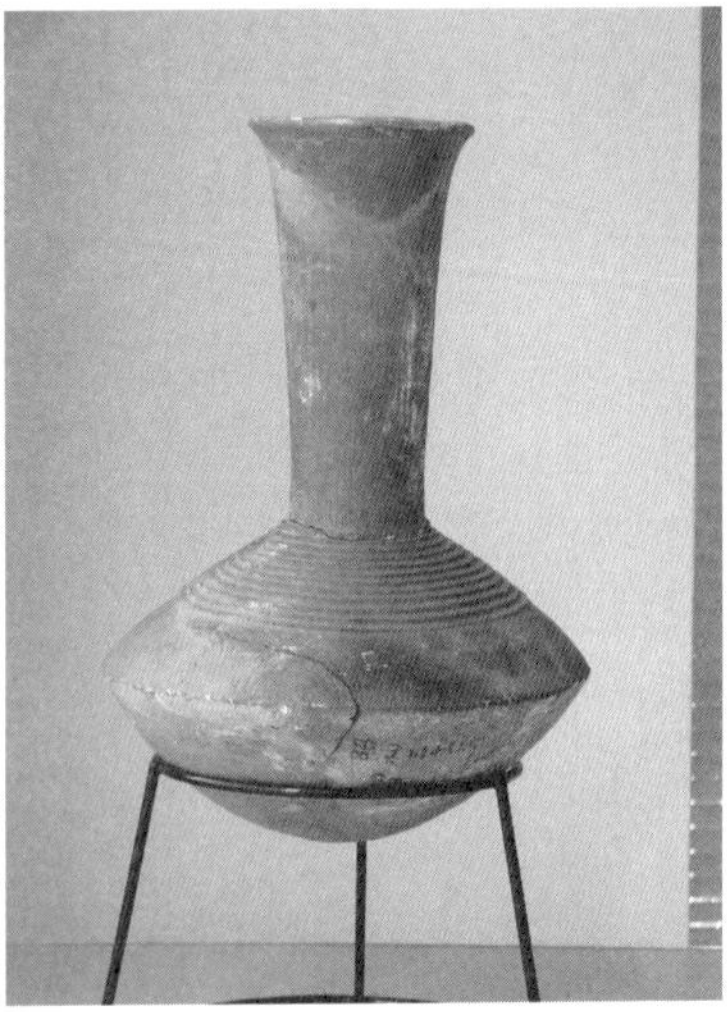

図16　深田村出土免田式土器（あさぎり町提供）
免田式土器は胴部がそろばん玉の形のようになっていて、やや開き気味に上に長くのびた円筒状の首（長頸）をもつ。球磨、人吉を中心に、熊本県だけでなく沖縄本島などにも分布する。

才園《さいぞん》古墳がある。この古墳からは立派な馬具と、金メッキをした鎏金《りゅうきん》獣帯鏡などが出土している。（図17）

免田式土器（重弧文土器）は熊本県南部から南九州に多い。二世紀に突如として登場し、四世紀に消えていったと言う。

百五十か所で発見されているが、そのうち、熊本県が阿蘇市下山西遺跡など九十五か所を占める。特に球磨・人吉では三十か所あり、免田式の本場であることが推定される。北九州の行橋市、鳥栖市、八女市、武雄市、また南は沖縄本島、具志川市

図17　肥後国球磨郡免田才園古墳出土品（あさぎり町提供）

（現うるま市）でも発見されている。（図18）

狗奴国と邪馬台国は、阿蘇のベンガラの利権を争ったと考えられる。ベンガラを産出する阿蘇市狩尾地域は鉄器生産も行っていたようで、沼鉄鉱の鉱床を用いた簡易的な製鉄遺跡である狩尾遺跡群からは、弥生時代後期後半に九州各地に見られ始める薄い平造りの鉄鏃《てつぞく》が造られた。このような鉄鏃はベンガラ製造に使われた可能性も指摘されている。

狗奴国は熊本県球磨《くま》郡に本拠があり、後の熊襲である可能性は非常に高い。四世紀以降の熊襲の時代になると、南に後退したようだ。「熊」は肥後の球磨郡、「襲」は後の大隈の曽於《そお》郡に当たると推定される。

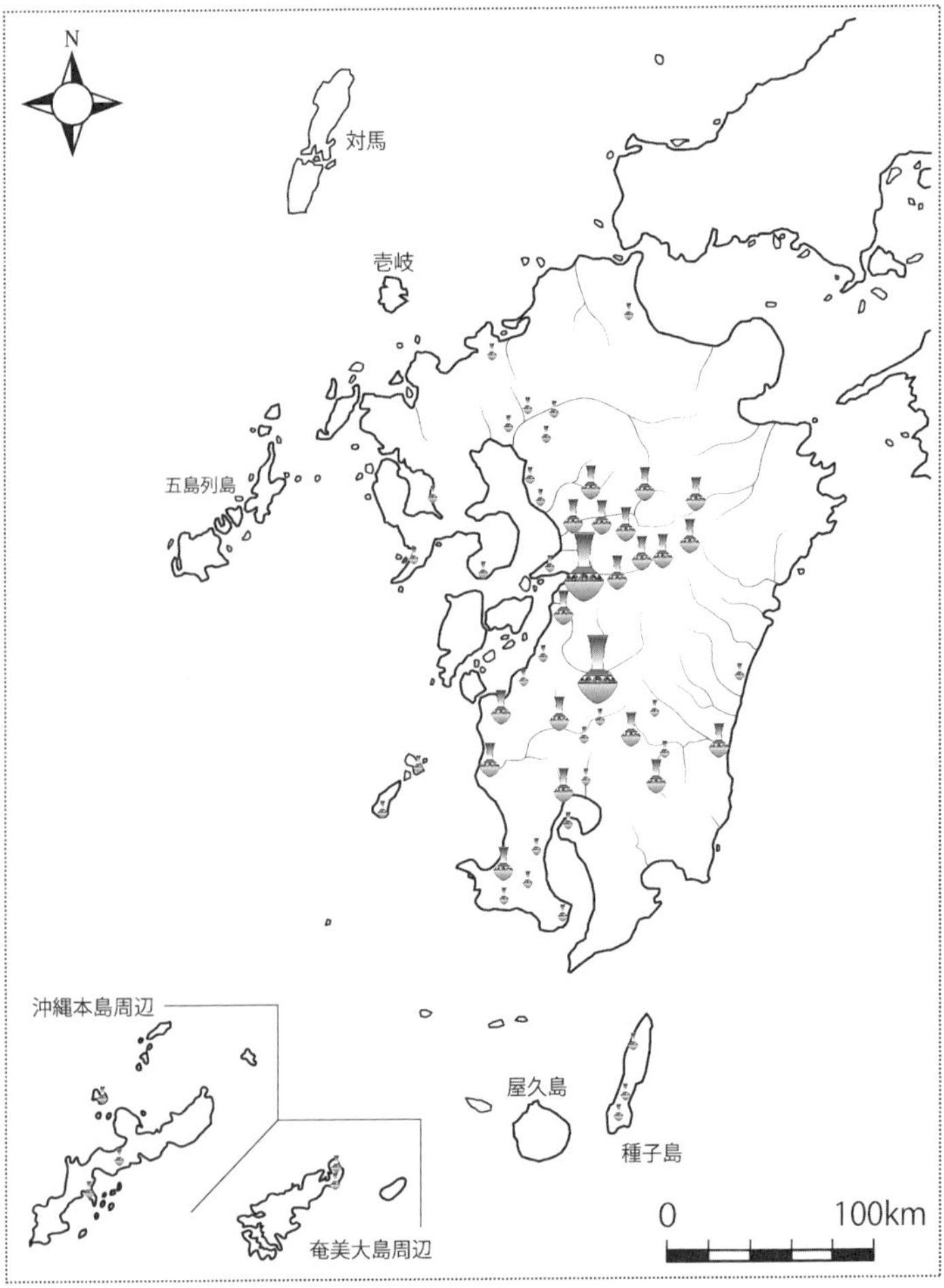

図18　免田式土器の分布イメージ図
作成：大淀町教育委員会　松田氏

この狗奴国の記事のあとに、誰もが注目する次の一文が現れ、行程に関する記事に区切りがつけられる。

自郡至女王國　萬二千餘里

帯方郡から女王国に至る。一万二千余里である。

ここには「至女王國」の前に、しっかりと「自郡」（郡より）の文字があるのに、残念なことに「南至邪馬壹國」の前にはない。しかし、この十一文字を正とすれば、邪馬台国は畿内ではあり得ず、九州内であることは間違いない。帯方郡から末盧国まで一万里であれば、末盧国から女王国までは二千余里となり、どう考えても女王国は九州北部に限定される。

邪馬台国がヤマトでない理由を、もう一つ挙げる。邪馬台国がヤマトにあったとしたら、九州北部から瀬戸内海沿岸の諸豪族を従える相当な大国と見なければならない。そんな強国が、狗奴国（ヤマトの南なので、例えば紀州熊野）から攻められ、魏に応援を求めることがあるのだろうか。三世紀のヤマトが強国であった可能性は認めるが、それは邪馬台国ではないし、狗奴国も熊野ではないだろう。

二．江戸時代から続く邪馬台国論争について

魏志倭人伝で邪馬台国までの行程の記述を検証し終えたので、ここで江戸時代から続く邪馬台国の所在地論争について振り返りたい。

新井白石は、大和国説を説いた後、筑後国山門郡説に改めた。本居宣長は、邪馬台国は大和国としながらも、九州の熊襲による偽僭説を提唱した。いずれの江戸時代の大家も、畿内に未練を残しながらも、魏志倭人伝や「記紀」を読み解いて、邪馬台国は九州に所在するとした。

以来、白鳥庫吉氏（一八六五～一九四二）ら東大派に多い九州説と、内藤湖南氏（一八六六～一九三四）ら京大派に多い畿内説に大きく分かれての論争が続く。文献研究が進み、考古資料が多く発見されてきた令和の時代でも、その傾向は大きくは変わっていない。

ここで仮に魏志倭人伝がなかったら、古代史研究はどのような様相を呈していたかを考えてみたい。魏志倭人伝がなければ、邪馬台国も卑弥呼も考えなくて良くなる。

ただし、西暦五七年に倭奴国王が後漢の光武帝から賜った金印のことは考慮する。結果的に、古事記、日本書紀の文献価値も、今以上に増すことになるだろう。

そうすると、あくまでも推測であるが、古代史の研究者の多くは「九州の勢力が弥生後期に畿内へ東征して、畝傍山の東南橿原の地に新王朝を開いた」と言うようなストーリーに、大筋でまとまるのではないだろうか。

今、「邪馬台国がなかったら」としたが、「邪馬台国が極めて小国だったら」ではどうだろう。この場合でも、ほぼ同様にヤマト王権は奈良盆地の南東部に発生して、やがて播磨、吉備、出雲、筑紫、尾張、毛野などの地域王国と連合、さらに国内統合へと進めていったと言う流れに落ち着くのではないか。

魏志倭人伝の描く邪馬台国は、南の狗奴国には攻められ、卑弥呼が死んで求心力を失うと、周辺国同士で争いを再開するような「弱小国」で間違いない。

中国の正史に大きく取り上げられたのは、邪馬台国が日本を代表する大国だったからではなく、単に中国の側の都合によるものだった。

私が提唱したいのは、このように「邪馬台国は弱小国で、日本を代表するような大国ではなかった」と考えれば、邪馬台国の所在地を無理にヤマトに持ってこなくても良いのではないか、と言うことである。

邪馬台国畿内説を唱える人には、「ヤマトファースト」の考え方が強いのではないか。「大和魂」「大和撫子」と聞けば、誰もが奈良県ではなく日本全体をイメージして、ヤマトに日本人としてのアイデンティティを感じるだろう。このように大和は日本の原点と言って良い。だから、邪馬台国畿内説を唱える人は「日本の発祥は大和でなければならない」との強い思い入れがあるのだろう。

しかし、邪馬台国が畿内以外の例えば九州にあっても、大和が日本の原点であり、「ヤマト王権発祥の地」であることには変わりはない。また、纒向は三世紀半ばには最先端の技術を誇る、日本の最先進地域であった。このことに、邪馬台国九州説の諸氏も異論はないだろう。

今こそ、三百年来の邪馬台国所在地論争に終止符を打ち、**「ヤマト（纒向）は古代日本の中心都市、邪馬台国は九州の一地域王国」**で折り合ってはどうだろうか。日本列島を城郭に例えれば、ヤマト（纒向）は本丸（天守）、邪馬台国は玄関口（大手門）、吉備や出雲は櫓《やぐら》に相当する。弥生後期から古墳時代の日本には、それぞれの役目を持った地域王国が存在し、相互に経済的、文化的交流をしていたのだろう。

第十三話　卑弥呼と壱与

一．倭の習俗で分かること

　魏志倭人伝の千九百八十四文字のうち、冒頭の五百五十六文字は邪馬台国までの道順、二十一の旁国と、狗奴国についての記事であり、そのあと六百五十二文字を使って倭人の風習、風俗、自然、産物について相当詳細に記述している。まさに「見てきたように」書かれていることから、帯方郡使は間違いなく倭国に来ていること、「兵器は矛・楯・木弓」などの記述から、軍事目的も含まれるであろうこと、などが推測できる。それととも に倭地は温暖であるとか、桑と蚕を育て絹をつむぎ、真珠（辰砂）、青玉（翡翠）、丹を産出すると書かれている。

真珠はパールではなく真朱、すなわち辰砂《しんしゃ》であろう。（注7）

自戒の意味も含め、これらの記事だけで「邪馬台国は九州だ」とは決められないと言っておきたい。翡翠《ひすい》は新潟県の最西端の糸魚川から多く産出する。弥生絹は今のところ福岡、佐賀、長崎の三県以外からは出ていない。だからと言って、邪馬台国は九州とは断定できない。古墳時代前期（三世紀後半）の絹は、纒向遺跡からも見つかっているからである。

二．卑弥呼が共立される

道順の次に書かれた、六百五十二文字に及ぶ倭の習俗、自然については、文字数も多く重要であるとの認識は当然持っているが、本稿ではこれ以上は触れないこととする。

続いて書かれているのは、倭国が乱れた末に卑弥呼が共立された次のような倭の歴史に関する記事である。

其國本亦以男子為王　住七八十年　倭國亂相攻伐歴年　乃共立一女子為王　名日卑彌呼　事鬼道能惑衆　年已長大　無夫婿

その国、もとは男子が王であったが、七、八十年経つと倭国は乱れ、お互い何年も攻め合ったので、共に一人の女子を王に立てた、名を卑弥呼と言う。鬼道に長け、衆の心をつかむ。年齢は長大であり、夫はいない。

倭国が乱れたのは、右記の魏志倭人伝の他では後漢書東夷伝にも、「桓霊間倭国大乱更相攻伐　暦年無主」と書かれている。桓霊間は後漢の桓帝、霊帝の治世の間（一四六〜一八九年）であり、卑弥呼が共立されるのは大乱後のことなので、西暦一九〇年以降になろうか。卑弥呼の死を二四八年とすると、在位年数は五十数年に及ぶ。倭人伝では、卑弥呼の人物像をさらに綴る。卑弥呼は鬼道に長《た》け、衆の心をつかむ。弟が政治を助け、千人の下女が仕えている。宮室・楼観・城柵を厳かに設けている、としている。

続いて、帯方郡を経由して魏の都、洛陽への、卑弥呼にとっては初の朝献について、倭人伝は次のように書き記す。

景初二年六月　倭女王遣大夫難升米等詣郡　求詣天子朝獻　太守劉夏遣吏将送詣京都

景初二年（二三八）六月、倭の女王は大夫の難升米等を（帯方）郡に詣るよう遣わし、天子に朝献を求めた。太守の劉夏は吏将をつけて京都（魏の都、洛陽）に送った。

そして、景初二年（二三八）十二月には、魏の明帝からの二百五十五文字に及ぶ制詔（詔書・天子の命令書）が難升米に渡された。制詔は、陳寿に限らず、中国歴代の史官が原則として手を加えないものである（渡邉義浩氏）ため、当時の史料がそのまま記録される。倭人伝の中で、卑弥呼を親魏倭王とする制詔の信頼性が高い所以《ゆえん》である。

これによると、親魏倭王の金印紫綬、銅鏡百枚など過分とも思われる品々が下賜されたが、この時の卑弥呼が献じたのは生口十人と班布だけだったので、いかにもアンバランスと言わざるを得ない。なぜだろう。

三．冊封について

すでに、「邪馬台国は魏の都合で冊封を迫られた」と書いているので繰り返しになるが、卑弥呼が景初二年六月に帯方郡へ送った遣使は、初めは魏の都へ行くことを想定していなかったように思える。生口十人と班布だけを携えて、卑弥呼として初となる魏へ朝献に赴くとは考えにくい。これは難升米らが帯方郡に到着したあと、あるいは倭国出発前から、魏によって仕組まれた策略だったのではないだろうか。その理由を三つ、次に記す。

（1）魏は自らの権威づけのために邪馬台国を利用した。魏は南方の呉、南西の蜀と鼎立《ていりつ》しており、安定した王朝とは言えなかった。そのため、その二国との対抗上、あるいは王朝の正当性を主張するために、遠方の大月氏国（クシャーナ朝ペルシャ）からの遣使を二二九年に受け入れている。

西方と併せて、東方との権威づけも必要である。東方の有力な国から遣使を受けようとするのは、当然のことだろう。同じようなことが漢の時代でも行われているので、以下に示す。

中国王朝	西の大国		東の大国	
前漢	匈奴	西暦五年	東夷王	西暦五年
後漢	南匈奴	一三三年	倭奴	五七年
魏	大月氏	二二九年	倭	二三八年

（2）公孫氏に対する牽制が、二つ目の理由である。東西の有力国からの朝貢以上に、魏にとって気になることがある。二三七年、遼東の公孫淵が燕王を称し、呉の孫権と通じて魏に謀反を起こしている。このため、遼東（楽浪・帯方）と、それ以遠で何らかの対応が必要になった。公孫氏を背後から牽制するには、魏は倭と連携を取るのが得策と考えた。

（3）三つ目の理由。魏にとって邪馬台国は利用しやすかった。この時代の九州内には筑紫国（福岡県）、女王国を含む倭国（佐賀県・熊本県北部）、狗奴国（熊本県南部）の三つの勢力があった。狗奴国は呉と通じていたとの説もある。その真偽はともかくとして、この三国を比較すれば、魏として与《くみ》しやすいのは、邪馬台国（女王国）であったのだろう。

これらの状況から、二三八年の卑弥呼による魏への遣使は、魏の側からの要請であり、魏が仕組んだ策略であると考えられる。

四．卑弥呼による二、三度目の遣使

景初二年の朝貢以降について、魏志倭人伝に書かれている内容の概略は次のとおりである。卑弥呼の遣使は三回で、帯方郡からの派遣は二回であることが分かる。一回目は梯儁《ていしゅん》で、二回目は張政。

一回目遣使	景初二年（二三八年）六月	倭の女王は大夫の難升米等を派遣して（帯方）郡に至り、天子にお目通りして献上品をささげたいと求めた。太守の劉夏は官吏を派遣し、難升米等を引率して送らせ、都（洛陽）に至った。
詔書	同年十二月	倭の女王に親魏倭王の金印、銅鏡百枚などを賜るとの詔書が出された。
一回目郡使	正始元年（二四〇年）	太守弓遵は**梯儁**等を派遣し詔書と印綬を倭国へ行って授けた。倭王は上表し感謝の意を表した。

二三八年に難升米が洛陽に赴いて、その年十二月に下賜すると言われた親魏倭王の金印

が、卑弥呼に届けられたのが二四〇年と言うのは遅すぎるので、景初二年は三年の間違いとも言われている。また、梁書と日本書紀には景初三年と書かれている。

しかし、二三九年一月に明帝（曹叡）が崩御したことで混乱が生じ、または服喪のためにこれくらいの時間がかかっても不思議ではなく、景初二年は正しいと考える。

二回目遣使	正始四年（二四三年）	倭王はまた大夫伊聲耆、掖邪狗等八人を派遣し、生口などを献上した。掖邪狗等は等しく率善中郎将と印綬を授けられた。
黄幢	正始六年（二四五年）	倭の難升米に黄幢（黄色い軍旗）を賜い、帯方郡で仮に授けた。
三回目遣使 二回目郡使	正始八年（二四七年）	倭女王の卑弥呼は狗奴国と和せず、倭の載斯烏越等を郡に派遣して、戦争状態であることを説明した。帯方郡太守は**張政**等を派遣し、張政は詔書、黄幢をもたらして難升米に授け、檄文をつくり、これを告げて諭した。
卑弥呼から	（二四八年？）	卑弥呼は死に、冢《ちょう》を大きく作った。

壱与へ（二五〇年？）

卑弥呼の宗女、十三歳の壱与を立てて王と為し、国中がついに安定した。壱与は掖邪狗等二十人を派遣して、張政等を送らせた。そして、臺（中央官庁）に至り、生口三十人などを献上した。

正始八年（二四七）の卑弥呼による三回目の遣使の目的は、狗奴国との戦いを帯方郡に報告するとともに、援軍を要請したものと分かる。では、二回目の遣使の目的は何だったのだろうか。このヒントは「八人」に隠されている。八人は等しく率善《りつぜん》中郎将を授けられた。この率善中郎将は、景初二年十二月の制詔に書かれているとおり、難升米にも与えられ銀印青綬を授かっている。このことから、伊聲耆、掖邪狗等八人は難升米と同格で、率善中郎将は国王に次ぐ高位と言うことになる。（秋山進午氏「魏晋周辺民族官印制度の復元と『魏志倭人伝』印」二〇一〇年）

ここからは全くの推測であるが、この八人は伊都国、奴国、不弥国、投馬国、邪馬台国の高官たちだろう。**（表3）**倭人伝には、「官」は邪馬台国に四人、その他の国には各一人と書かれている。合計でちょうど八人だ。卑弥呼はこれらの国々との連携を強めるため、あるいはこれらの国々を懐柔するために郡へ派遣したのではないだろうか。

表3

	官	副
對海國	卑狗	卑奴母離
一大國	卑狗	卑奴母離
末盧國	―	―
伊都國	**爾支**	泄謨觚　柄渠觚
奴國	**兕馬觚**	卑奴母離
不彌國	**多模**	卑奴母離
投馬國	**彌彌**	彌彌那利
邪馬壹國	**伊支馬** **彌馬升** **彌馬獲支** **奴佳鞮**	副の記載なし
	八人	

卑弥呼は鬼道で衆を惑わす巫女（シャーマン）のイメージがあるが、想像以上に戦略家だったのかも知れない。なお、この八人の中には対海国、一大国は倭であって倭国ではないので含めない。また、末盧国には官の記載がないことから、これを含めていない。

　このように五国八人でまとまって朝貢することもある、と考えれば、倭人伝の冒頭にある、「今使譯所通三十國」（今、三十国が使者を通わせている）の記述も素直に読める。三十国がばらばらに行けば、受ける側も大変だが、数か国がまとまればお互いにメリットも大きい。

五．卑弥呼とは誰か

さて、卑弥呼であるが、中国の史書にその名をとどめているのだから、和書にもそれなりの痕跡があっても良いのではないか、と思うのは当然だろう。そこでまず最初に、卑弥呼に最も比定されそうな神功皇后について考えてみたい。

日本書紀の神功皇后紀には、魏志倭人伝中の卑弥呼に関する記事が数か所引用されており、卑弥呼と神功皇后が同時代の人物かのように記述している。しかし、卑弥呼は生涯独身で夫も子もないと倭人伝にはあるが、神功皇后には仲哀天皇と言う夫もいたし、後の応神天皇となる皇子もいた。死後にはなんの問題もなく応神天皇に引き継がれており、倭人伝が言うような卑弥呼の死後、新王（男王）への不満や内乱があった様子はない。また、その男王のあとすぐに二人目の女王が擁立されたと言う倭人伝の記述とも合わない。

神功皇后以外では、白鳥庫吉氏、和辻哲郎氏らが唱える、天照大神《あまてらすおおみかみ》説がある。

続いて、孝霊天皇の皇女である倭迹迹日百襲姫命《やまとととひももそひめのみこと》も有名である。纒向の箸墓古墳は、この皇女の墓と伝えられる。

現在有力とされるこれらの説は、いずれも日本書紀などに記され、ヤマト王権に繋がる人物、あるいは繋げたい人物として想定しているようである。しかし私は、卑弥呼はヤマト王権とは無関係と考えている。

そこで、筑紫国に由来する候補者を当たってみると、古田武彦氏の主張する甕依姫《みかよりひめ》（筑紫君等の先祖）が卑弥呼（ひみか）の可能性が高いと言うものや、若井敏明氏による山門郡の女王で土蜘蛛《つちぐも》の巫女《みこ》である田油津媛《たぶらつひめ》の数代前が卑弥呼と言う学説もある。

どの説も、情報不足で比定者と卑弥呼の人物像が繋がらないので、これ以上の卑弥呼の比定者探しは、しないこととする。敢えて言えば、森浩一氏（同志社大学教授　一九二八～二〇一三）の豪族説で良いと思う。

邪馬台国も卑弥呼も、日本の史書に文字として明確に記録されなかったのは、心残りとしか言いようがない。

六、壱与の謎

復立卑彌呼宗女壹與年十三為王　國中遂定　政等以檄告喩壹與
壹與遣倭大夫率善中郎將掖邪狗等二十人　送政等還　因詣臺　獻上
男女生口三十人　貢白珠五千孔　青大句珠二枚　異文雑錦二十匹

また、卑弥呼の宗女、十三歳の壱与を立てて王と為し、国中がついに安定した。

張政たちは檄をもって壱与に教え諭した。

壱与は大夫の率善中郎将、掖邪狗等二十人を派遣して、張政等が帰るのを送らせた。そして、臺（中央官庁）に至り、男女の生口三十人を献上し、白珠五千孔、青大句珠二枚、模様の異なる雑錦二十匹を貢いだ。


　卑弥呼の死後、男王を立てたが国中は不服で殺し合った。そこで、卑弥呼の宗女（卑弥呼と同族の女性）である壱与を王としたところ国中が安定した。男王ではまとまらず、十三歳の女子なら、どの国も従うと言うのはなぜだろう。

　女性であるので、シャーマンとして宗教的に国をまとめたと考えるのが真っ先に思い浮かぶが、正始八年（二四七）に帯方郡から倭に派遣された張政の後ろ盾もあったのだろう。張政は、卑弥呼からの依頼である狗奴国との調停の仕事は終えたが、翌二四八年の卑弥呼の死、短命の男王政権を経て壱与が王位に就いた二五〇年頃には、檄をもって壱与を諭している。張政がバックアップしたのか、壱与がうまく張政を利用したのか、いずれにしても大恩のある張政を、壱与はできる限りの待遇で帯方郡まで送ったのだろう。

　ここまで特に断りなしに壱与（壹與）と書いているが、通説は台与（臺與）だと言う。三国志よりも後代の書である、「梁書倭国伝」、「北史倭国伝」では、臺與と書かれているためだ。しかし、この項の冒頭にある原文を見てほしい。五十字あまりに「壹」は三回現れる。しかも「壹」とは別に、「臺」の字も記述されている。「壹」と「臺」をしっかり区別しており、誤記とは到底考えられない。

注7
以下の理由で「真珠」は辰砂（水銀の硫黄化合物で赤色顔料）と考える。

①「真珠鉛丹各五十斤」とあり、真珠を重量単位で記載していることから、真珠も鉛丹（鉛の酸化物で赤色顔料）も粉末であると推察される。

②壱与は臺（魏の都）に詣でて「白珠五千孔」を献上したと記されており、倭人伝で真珠は白珠と表現されている。

③中国でパールを「真珠」と言うのは南北朝以後のことである。

第十四話　ヤマト国と筑紫国の並立

一．神武東遷から始まるヤマト国（三輪王朝）

魏志倭人伝を読み解く作業を終え、ここからはヤマト王権（注8）の成立について考察する。古事記、日本書紀によると、神武天皇（いわれびこ）は日向の高千穂を出発し、豊国の宇沙、筑紫国の岡田宮、阿岐国、吉備国、浪速国、熊野から宇陀を経て橿原宮で即位したとされる。よく知られたこの神武東遷について5W1Hで考えてみよう。（「記紀」は神武東征であるが、本稿は東遷とした）

（1）ＷＨＥＮ　＆　ＷＨＯ

本稿では神武東遷を西暦二六〇～二八〇年頃と想定している。この時期の邪馬台国は、二四八年に卑弥呼が没し、壱与も姿を消して、衰退時期に入っている。

（2）WHERE

東遷を認める立場では、その起点は九州内で一致している。しかし、古事記の「日向の高千穂」がどこかについては、宮崎県の高千穂、宮崎と鹿児島県境の高千穂峰だけでなく、古田武彦氏、原田大六氏（一九一七〜一九八五）によると、福岡市と糸島市の境には日向峠があり、そこから二km北の高祖山《たかすやま》（標高四百十六m）は、古事記に描かれている「韓国《からくに》に向かい、笠沙《かささ》の岬まで真の道が通じていて、朝日のよく射す国、夕日のよく照る国」に符合するとしている。糸島市の平原遺跡からは、三種の神器に相当する鏡、勾玉、太刀が出土しており、私も天孫降臨の地は筑紫であるとの説を支持する。

（3）WHY

神武はなぜ東遷したのだろうか。その理由を考えてみたい。

①古事記に書かれているとおり、葦原の中つ国を治めるための東征。

②辰砂《しんしゃ》などの枯渇のため新天地を求めての移動。（上垣外《かみがいと》憲一氏　大妻女子大学教授　一九四八〜）

③隣国からの攻撃を避けるための退避。

①については、紀元前後から三世紀の九州内に西日本全域を支配できるだけの軍事力、経済力を持った勢力があったかは疑問がある。また、③であれば奈良盆地である必然性が見当たらない。従って②が最も説明がつきやすい。ただし、この理由に加えて、東遷の行程からも分かるように、安芸や吉備に立ち寄って、それらの国々と連携を深めるうちに、国内統一の野望を持ったことは考えられる。

なお、特殊器台と呼ばれる土器は、吉備（岡山県）の墳丘墓、楯築《たてつき》遺跡などから出土するが、纒向遺跡からも特殊器台が出土している。このことから、神武一行が吉備に立ち寄り、古墳文化と特殊器台をヤマトに伝えたと想像するのも、愚考に興趣を添える。

（4）WHAT ＆ HOW

どのようにこの東遷は行われたのだろうか。また、どれくらいの規模だったのか。数千人、数万人規模の国全体を動かす移動なのか、それとも数百人から千人規模の精鋭集団（戦闘部隊・技術者集団）だったのか。後者であれば、当然出発地に一定の勢力は残ることになる。そうなると出発地に残った本家（筑紫王朝）と、東遷した分家（三輪王朝）の関係が生じる。

二、ヤマト国（神武）と筑紫国（崇神）の並立

福岡平野には、倭奴（ゐど）国の流れを汲む「本家」の筑紫国があり、この筑紫国は現在の糸島市、福岡市、春日市を含む地域を支配していたと考えられる。また、半島の狗邪韓国（加耶）とも交流ないし同盟関係があり、朝鮮の史書三国史記には、たびたび斯盧《しろ》（新羅の前身）と争った、とある。

一方、「分家」となる神武は、西暦二六〇～二八〇年に辰砂《しんしゃ》を求めて筑紫から東へ移動を開始する。途中、安芸（広島）、吉備（岡山）には数年にわたって滞在していることから、これらの地域王国との経済的、宗教的連携を模索したとも考えられる。東遷に当たっては、筑紫国から最新祭祀（三種の神器・前方後円墳での葬祭）と最新技術（製鉄技術・水銀の採掘技術・古墳土木技術）を持ち込んだ。経由地からの情報、技術者の取り込みもあったため、東遷後の三輪王朝（神武）は国内最先端の技術力を有する地域王国に成長できたのだろう。神武東遷は本拠を筑紫に残して、神武をリーダーとする数百人から千人規模の集団による移動だったと考えられる。この東遷によって筑紫が本家、ヤマトが分家の

関係ができあがった。では、本家のリーダーは誰か。

それは、神武の兄である三毛入野命（みけいりののみこと）すなわち崇神であろう。本家は兄、分家は弟と言うのは、今も昔も順当である。

この神武の兄である三毛入野命が崇神であり、この崇神が筑紫国（イリ王朝）を開いたとの仮説をここで提起したい。その根拠を四つ挙げる。

（1）和風諡号《しごう》で二人は一致

崇神天皇の諡号《しごう》は御間城入彦五十瓊殖天皇（みまきいりびこいにえのすめらみこと）であり、神武の兄は三毛入野命（みけいりののみこと）である。

「みまきいり」と「みけいり」はよく似ており、二人は同一人物と考えられる。

（2）名に「イリ」（西の意）を含むことで一致

三毛入野と御間城入彦（崇神）には共通の「入（イリ）」と言う文字がある。このイリについて語るためには、水野祐氏（早稲田大学教授　一九一八〜二〇〇〇）が一九五二年に発表した「三王朝交替説」に触れないわけにはいかない。

水野氏は崇神から推古に至る天皇が、それぞれ血統の異なる古・中・新の三王朝が交替していたのではないかとする。終戦までの万世一系の考え方を覆す画期的な説である。三王朝と言うのは、第十代の崇神天皇（三輪王朝）、第十六代の仁徳天皇（河内王朝）、第二十六代の継体天皇（近江または越前王朝）を初代とする王朝で、順次興廃、交替があったとされる。

水野氏によると、崇神王朝に属する天皇や皇族に「イリ」のつく名称を持つ者が多いことから、崇神王朝は「イリ王朝」とも呼ばれる。崇神天皇の名は、みまき「いり」びこいにえ、垂仁天皇の名は、いくめ「いり」びこいさちである。他にも崇神の子で、とよき「いり」びこ、とよすき「いり」びめなどがいる。

「いり」は沖縄の西表島《いりおもて》の「いり」であり、日の入りの方角を示す「西」の意であろう。このことからも、崇神の筑紫国は列島の西（いり）に位置しているので、ヤマトではなく筑紫国であると私は確信する。

（3）「はつくにしらす」で一致

初代神武天皇は始馭天下之天皇（はつくにしらすすめらみこと）と称され、第十代の崇神天皇も御肇国天皇（はつくにしらすすめらみこと）と呼ばれている。どちらも、初めて国土を統治した天皇と言うことになり、なぜ二人なのかについては、諸説ある。

①初めに一方が初代とされ、あとからもう一方がつけ加えられた。（もしそうなら、

二人目を加えた時に名前を変えれば良いのでは？）

②旧王朝から新王朝に交替したのでどちらも初代。（新王朝は初代とは言えないのでは？）

③神武は単にクニを開いた初代で、崇神は周辺地域を平定しクニを広げたと言う意味で初代。（賀茂真淵説）（説得力に乏しい。決め手に欠ける）

そこで、ほぼ同じ時期に神武はヤマトで三輪王朝を開き、その兄である崇神は筑紫国イリ王朝の祖であるとすれば、二人同時に「はつくにしらす」と称することになんら不自然さはない。最もロジカルである。

（4）崇神の後裔（景行天皇から神功皇后）は九州が舞台

日本書紀の景行紀から神功皇后紀までは、ほとんどが九州、特に筑紫が舞台となっており、崇神の後裔は九州を本拠として活躍したと考えられる。

このことも、崇神が筑紫国でイリ王朝を開いた証拠となる。

これら四つの根拠から、神武の兄である崇神が、倭奴国を起源とする筑紫国の地に新王朝（イリ王朝）を建てたことがご理解いただけたと思う。十代崇神は朝鮮半島南部を本拠とし、後に大王家と称される天孫系集団の一員ではあるが、もともと筑紫国とは交流があったので、筑紫国と平和的に統合できたのだろう。イリ王朝成立の時期は二七六年頃と想定している。十代崇神、十一代垂仁に続く十二代景行も半島南部の多羅に拠点があったため、その和風諡号《しごう》にタラシを含む。**（表2）**

このようにして、筑紫国では崇神から神功までのイリ・タラシ王朝が、西暦二七〇年前後から四一〇年頃まで存続し、ヤマト国ではほぼ同時期を神武の三輪王朝が治めて、両者は並立したのである。

表2（再掲）

代	王朝	即位	没年	和風諡号	区分
十	崇神	二七六	三〇九	ミマキ**イリ**ビコ	イリ系
十一	垂仁	三一〇	三二五	イクメ**イリ**ビコ	
十二	景行	三二五	三五五	オホ**タラシ**ヒコ	タラシ系
十三	成務	三五五	三五五	ワカ**タラシ**ヒコ	
十四	仲哀	三五五	三五九	**タラシ**ナカツヒコ	
—	神功	三六〇	三八九	オキナガ**タラシ**ヒメ	
十五	応神	三九〇	四一〇	ホムタ**ワケ**	ワケ系

三.神武の東遷先はなぜ纒向なのか

神武が筑紫からヤマトへ東遷して二六〇～二八〇年頃に築いたのが纒向《まきむく》遺跡であろう。この纒向遺跡は、一言で言うと三世紀の日本で、恐らくここにしかない都市遺跡である。二〇一一年には大型建物跡の隣に別の大型建物跡の一部が見つかった。また、幅五m、深さ一mの直線的な二本の巨大水路など、都市計画がなされていた痕跡と考えられる遺構が随所で確認されている。

では、なぜ纒向なのだろう。内陸部にあって、水運はかろうじて大和川を辿って大阪湾に出られるが、決して交通至便とは言えない。農業生産もこの地が格段に優れているとは言いがたい。しかし、一つだけこの纒向近くにしかない、優位な資源がある。

それは、宇陀《うだ》市菟田野《うたの》の大和水銀鉱山でとれた辰砂《しんしゃ》である。弥生時代から古墳時代までに使用された赤色の顔料は、朱とも言われる辰砂と、丹とも呼ばれるベンガラの二種類があるが、辰砂の方が貴重とされる。

松田壽男氏は近畿、四国地方の水銀鉱脈を調べ『丹生の研究　歴史地理学から見た日本の水銀』（早稲田大学出版部　一九七〇年）を著した。それを参考に上垣外《かみがいと》憲一氏は神武東征を描きだす。すなわち、水銀朱と言う枯渇した資源を求め、紀ノ川筋の水銀鉱山を経て、宇陀の大和鉱山（現在操業停止）へ至り、三世紀後半に大和王権を確立したと言うのだ。

纒向遺跡からは日本全国各地で作られたと見做される遺物が出土しているが、中でも伊勢、東海系が多く、九州由来もしくは朝鮮由来の土器は非常に少ない。

すなわち、この遺跡が朝鮮半島や大陸との交易は乏しかったと推定され、これだけでも邪馬台国畿内説は成り立たなくなる。出土品を地域別に見てみよう。（表4）

表4　搬入土器の地域別割合

伊勢・東海系	四十九％
北陸・山陰系	十七％
河内系	十％
吉備系	七％
近江系	五％
関東系	五％

播磨系	二%	
西部瀬戸内海系	三%	
紀伊系	一%	

このように纒向遺跡を眺めてくると、これが当時の最先端の都市を思わせる遺跡であり、東海、北陸、伊勢、出雲から遠くは関東とも交流のあったことが良く分かる。しかし、「邪馬台国は日本を代表する国。ヤマトは日本で一番進んだ国。だから邪馬台国はヤマトである」との論理式は成立しない。

邪馬台国は中国の史書に詳しく書かれた、わが国初めての国であることは間違いない。そして、纒向を含めたこの地域が、三世紀中葉においては、国内で最も先進的であることにも首肯できる。だからと言って、これを邪馬台国が纒向に存在したことの根拠にするのは、論理的、科学的に見て無理だろう。

特に一部のメディアは、纒向遺跡で柱穴が多数出土すると、「卑弥呼の祭祀用建物跡か」（二〇一三年二月）、大量の桃の種が発見されると、すかさず「邪馬台国で祭祀に使用か」（二〇一〇年九月）と、邪馬台国との関連を強調して報道する。そこまで無理をして邪馬台国と結びつけなくても、すでに纒向やヤマト（大和）にブランド力は十分備わっているると思うのだが。

四．前方後円墳と三角縁神獣鏡

次に、ヤマト国の三輪王朝が、どのようにして周囲の地域王国に影響力を広げたかを探る。通説では、三世紀中頃、奈良盆地の纒向に巨大都市が出現し、最古の前方後円墳とされる纒向型古墳が築造される。これをもって古墳時代の始まりとされている。本稿でもこの通説に従う。

その後、日本各地と朝鮮半島南部に、ほぼ同じ形の墳墓が築造される。築造期間は三世紀中頃から七世紀初頭までの四百年近くであり、数にすると四千八百基とも約五千二百基とも言われる。**（図19）** 前方後円墳の存在が明確でないのは、北方では北海道・青森県・秋田県、南方では沖縄県の計四道県にすぎない。

なぜこれほど広がったのだろう。前方後円墳の広がりが即、ヤマト国の支配に結びつくかと言えば、そうではないだろう。しかし、支配、統属はされていなくても、地域王国は

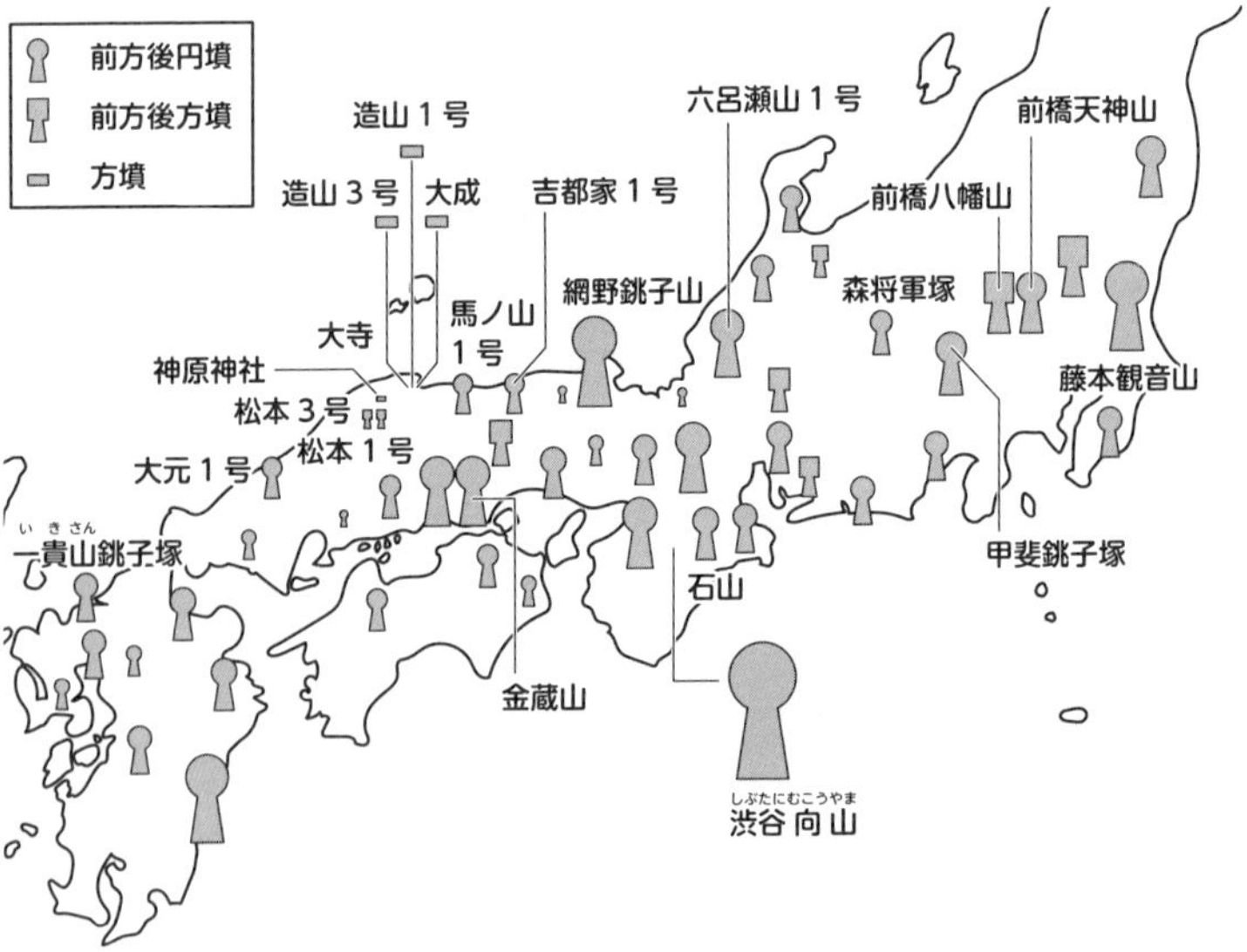

図19　前方後円墳と前方後方墳の分布　『古代出雲文化展』図録による

ヤマト国（三輪王朝）の影響力を強く受けていたことは間違いない。

前方後円墳と並んで、三輪王朝が用いたのは三角縁神獣鏡である。

この三角縁神獣鏡は、卑弥呼が魏から贈られた銅鏡百枚であるとして邪馬台国畿内説の根拠にもされている。しかし、贈られたのは内行花文鏡などの後漢鏡であろう。三角縁神獣鏡は中国からは一枚も出土しないこと、百枚を大きく超える枚数が出土していることなどの理由による。

私は、三角縁神獣鏡は三輪王朝によって作られ、各地へもたらされたと考える。一例として、奈良・黒塚古墳から出土した三角縁神獣鏡の同笵鏡（同じ鋳型で作成）は、京都・椿井大塚山古墳、兵庫・西求女塚古墳、広島・中小田一号墳、福岡・石塚山古墳、愛知・奥津社古墳などで見つかっている。また、三角縁神獣鏡は**図2**（「まえがき」を参照）のように、全国各地で出土しており、前方後円墳の伝播と見事に重なるのだ。

さらに、三角縁神獣鏡のほとんどは、墳墓から出土する。容姿を映す本来の鏡の用途には用いられず、墳墓の中に副葬品として埋めるための葬祭用・祭祀用器物なのである。このようにして、三輪王朝は地域王国の首長に対して、この三角縁神獣鏡に勾玉、剣とを併せることで「三種の神器」を形作り、前方後円墳での祭祀を行うと言う宗教観を広めていったのだろう。前方後円墳も三角縁神獣鏡も三輪王朝の目論んだ、宗教同盟実現のための重要ツールであることに疑いはない。

道すがら④　銅鐸が三角縁神獣鏡に？

銅鏡よりも前の時代には、同じ銅製品の祭器で銅鐸があった。紀元前二世紀から二世紀の約四百年間にわたって製作、使用された。初期は小型で「聞く銅鐸」だったが、終末期に大型化し「見る銅鐸」となった。ここで、終末期の大型銅鐸の出土数を見てみよう。大型銅鐸には二種類あり、三遠式では愛知十五基、静岡二十基。近畿式では滋賀二十基、和歌山七基、大阪十四基に対して、京都は四基、奈良はわずか二基となっている。他府県に比べ、京都と奈良が少なすぎないか。(データは眞木林太郎氏) あくまでも推測ではあるが、京都と奈良で作られた大型の銅鐸は、三角縁神獣鏡に改鋳（鋳直し）されたと考えると辻褄が合う。

そう思って調べてみた。弥生時代の銅鐸は銅が八、九割、錫が一割で鉛がわずかに含まれる。古墳時代の三角縁神獣鏡は錫の割合が二割になる。鉛の量も銅鐸の三〜五％が鏡では五〜六％に増える。仮に銅鐸を鋳つぶして、錫と鉛を加えれば、三角縁神獣鏡ができそうな気がする。ところが、鉛同位体比研究からみると、後期の銅鐸と三角縁神獣鏡（舶載、仿製）は原料を異にしているので改鋳された可能性はない（向井一雄氏）ことが判明した。改鋳という推理が崩れたのは残念ではあるが、何事も論理的、科学的検証が重要であることを、改めて実感した。

五．三輪王朝の宗教同盟（イオニア同盟）

地中海と黒海の間に位置するアナトリア半島（現トルコ）の西端にあるイオニア地方の十二都市では、紀元前八〇〇年頃、「イオニア同盟」が結成された。（図20）

イオニア同盟は基本的に宗教的・文化的同盟で、その象徴だったのが、パンイオニアと言う祭である。ミュカレ山の北の山腹のパンイオニウムと呼ばれる聖域で開催されていた。前方後円墳の前方部で三種の神器を用いた祭祀が行われた様子と、パンイオニアと言う祭のイメージが重なり合う。

図20　イオニア

ただしパンイオニア祭は、ポセイドンと言う海神を祀った点が、前方後円墳の首長霊の祭祀とは異なる。他方で共通点もある。イオニア同盟は、ギリシアのアンピクティオン同盟（隣保同盟）と同様に、政治的性格以上に宗教的性格が強く、すべての都市は自治を認められていた。この点で三輪王朝による宗教同盟はイオニア同盟と似ている。

ヤマト国（三輪王朝）と筑紫国（イリ王朝）が成立した二八〇年以降の日本列島には、出雲、吉備などの地域王国が存在した。これらの地域王国のうち、特に大国は独立性が高かったようだ。吉備の造山古墳など、近畿よりも規模の大きい古墳があることが、それを示している。三輪王朝は、前方後円墳の工法（土木技術）と三角縁神獣鏡をこれらの地域王国に伝えることで、宗教的同盟関係の構築を図り、国家統一の基礎を固めたのだろう。

この同盟関係が成立するまでの経緯を考察してみよう。弥生時代には地域ごとに異なった宗教文化（銅鐸などの青銅器文化）があった。弥生後期には、これらのクニの間に国力の差が広がった。大国の周囲には、大国に服従したくない、戦いも望まないというクニが多数現れた。大国側も争いは避けたかった。双方の利害が一致して、同盟という関係が生まれた、と考えてみてはどうだろう。国立歴史民俗博物館考古研究系教授の藤尾慎一郎氏は次のように述べている。「弥生文化と古墳文化（特に前半期）を分けているのは、生産・経済的な側面ではなく、地域ごとの差が著しかった祭祀・葬制・宗教が**汎列島的な共同幻想**にとりつかれて、首長層が同じ墓制をとり同じ祭祀を行うに至った点にある。」

「古墳文化は前方後円墳築造という**集団催眠**によって創られた。」

（『弥生文化の輪郭　灌漑式水田稲作は弥生文化の指標なのか』二〇一三年）

藤尾氏の言う「集団催眠」とは、必ずしも経済力では最優位に立っていなかったヤマトの三輪王朝が、武力ではなく前方後円墳や三角縁神獣鏡を用いた宗教力で各地域王国を主導した「宗教同盟」と捉えることもできそうだ。

注8

王権とは、行政、司法制度とそれを司る政治機構を有する世襲制リーダーと定義できる。邪馬台国も魏志倭人伝に「法を犯す者は軽い者は妻子を没収し、重い者は一族を根絶やしにする。」と記されており、大官、官、副、一大率などの官職も見える。これは前述の定義に当てはまるので邪馬台国も王権と言えなくもない。しかし支配地域が限られているので、本稿では邪馬台国やその時期の筑紫国、ヤマト国は王権とはせず、応神の河内王朝以降をヤマト王権と考える。河内は大和川流域であり、河内とヤマトは一体と位置付ける。

第十五話　邪馬台国の滅亡

一．邪馬台国はいつ滅亡したのか

ある意味不思議なことだが、邪馬台国が滅亡した、との論説は少ない。邪馬台国畿内説であれば当然、邪馬台国はヤマト王権の流れの一部に組み込まれるので、滅亡とはならない。九州説では、安本美典氏（産業能率大学教授　一九三四〜）などの邪馬台国東遷説を採る立場が有力で、この場合も滅亡はない。さらに古田武彦氏は「卑弥呼《ひみか》は、筑紫君の祖、甕依姫《みかよりひめ》のことである」としており、邪馬台国の滅亡には触れていない。従って、邪馬台国滅亡説は極めて少数派になっているようだ。

本稿では、邪馬台国は筑紫国（タラシ王朝）の神功皇后に滅ばされたと考えている。タラシ王朝と言うのは、十代崇神、十一代垂仁のイリ王朝に続いて筑紫国を統治する、十二代景行、十三代成務、十四代仲哀及び、その妃の神功の四人の和風諡号《しごう》に、そろって「タラシ」がつくことに由来する。（**表2** 53ページまたは157ページ参照）

この「タラシ」とは朝鮮半島加耶国の多羅である。（鈴木武樹氏　明治大学教授　一九三四〜一九七八）

多羅国は現在の慶尚南道陜川《ハプチョン》郡に位置し、三国志魏書韓伝で倭とされた地域と思われる。

邪馬台国の卑弥呼は、狗奴国に攻められて山鹿から八女へ北遷した。これは、二四五年頃と考えられる。そして恐らく、卑弥呼の死を発端として八女からの遷都を余儀なくされて、最終的には、みやま市瀬高町の田油津媛《たぶらつひめ》ゆかりの山門県《やまとのあがた》に移ったと見るべきだろう。八女市新庄からみやま市瀬高町までは、矢部川を七〜八㎞ほど下った至近距離である。（**図21**）

神功皇后によって山門県《やまとのあがた》で田油津媛《たぶらつひめ》が倒されたのが西暦三六〇年前後とすれば、田油津媛は壱与から三〜四世代後の邪馬台国最後の女王だったのではないか。日本書紀巻第九仲哀九年条に次の記述が見える。

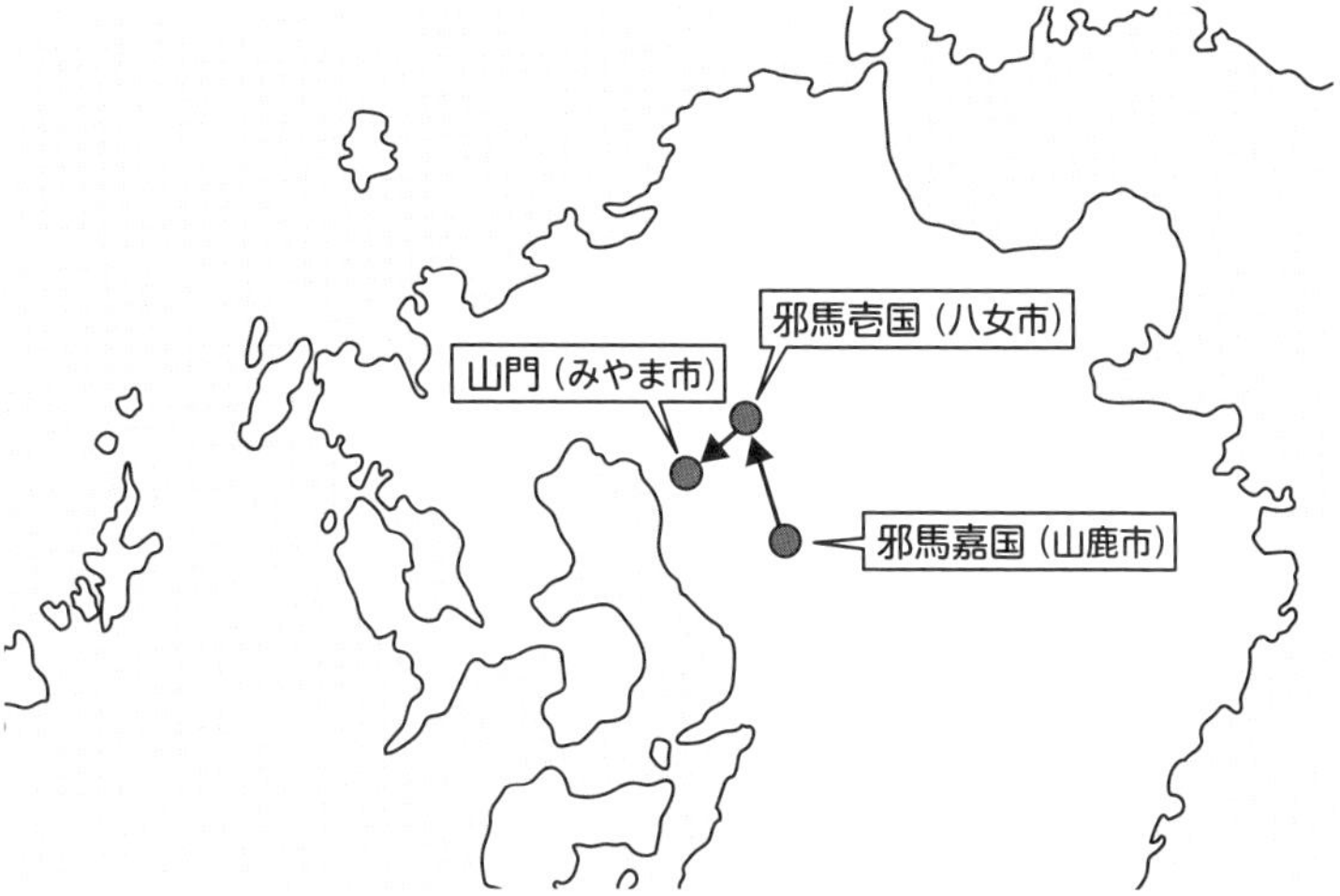

図21　邪馬台国の遷移（113ページの表も参照）

丙申　轉至山門縣　則誅土蜘蛛田油津　時田油津媛之兄夏羽興軍而迎來　然聞其妹被誅而逃之

丙申の時に（神功皇后は）山門縣《やまとのあがた》（現在のみやま市）に移って土蜘蛛の田油津媛を誅殺した。兄の夏羽が軍を構えて迎撃に出たが、妹が殺されたことを聞いて逃走した。

福岡県みやま市瀬高町の老松神社には、田油津媛を葬った蜘蛛塚と呼ばれる古墳が残されているので、この付近で田油津媛は滅ぼされたのだろう。この蜘蛛塚は、明治時代まで「女王塚」と言われた。（瀬高町教育委員会）

これらのことから、邪馬台国は最終的に仲哀九年を西暦三六〇年と見て、その頃にみやま市で滅亡したと言うのを、この項の結論としたい。なお、若井敏明氏（関西大学講師一九五八〜）は、三六七年頃邪馬台国の末裔が滅亡したとの学説を二〇一〇年に公表している。邪馬台国が滅亡したとする学説には、この若井氏以外、あまりお目にかかれない。

二、邪馬台国の分裂から滅亡まで

さて、筑紫国でイリ王朝を引き継ぎタラシ王朝を開いた景行は、九州の統一を目論んで豊の国（大分県）、熊襲（宮崎県・鹿児島県）、肥の国（熊本県）を巡っている。（日本書紀）この九州巡幸では、熊襲征伐を主体とし、併せて各地の土蜘蛛を掃討している。土蜘蛛には、かつて卑弥呼を共立して邪馬台国連合（肥国）を形成していた国々の残党も多く含まれていたのではないだろうか。

「土蜘蛛」は、日本書紀などで天皇への恭順を表明しない土着の豪族や賊などに対する蔑称として用いられていた。日本書紀景行紀では、土蜘蛛は碩田《おおきた》（大分県竹田市）と玉杵名《たまきな》邑《むら》（熊本県玉名市）の二か所に登場する。その二か所以外にも、神社伝承などによれば豊後国四か所、筑後国一か所、肥前国七か所、肥後国一か所、日向国一か所、大和国五か所、越後国一か所、常陸国三か所と、九州に限らずかなりの広範囲にわたる。

神社伝承の土蜘蛛を調べてみると、首長名と思われる名前が三十三名あり、さらにその中には田油津媛のように、名前に「女」（め）や「媛」（ひめ）などがつく、女性と見られる土蜘蛛も八例ある。瀧音能之《たきおとよしゆき》氏（駒澤大学教授　一九五三〜）は佐嘉郡（佐賀県）の土蜘蛛が荒ぶる神を鎮めた「肥前国風土記」の例など、九州地方の土蜘蛛に、巫《かんなぎ》や農耕的呪術の特徴が見られることから、土蜘蛛はシャーマニズムを権力の背景とした地域の首長だったと推論している。

このようにして、邪馬台国の流れを汲むシャーマン文化を持った首長たちは、景行による九州巡幸の時代には、分散、弱体化して土蜘蛛になったと見られる。かつて卑弥呼や壱与が、強い宗教的求心力でまとめていた邪馬台国連合の国々は、指導者を失ったことで四散五裂したのだろう。

邪馬台国連合が分裂した後も、卑弥呼、壱与の後裔はかろうじて矢部川下流域（神功期の山門県《やまとのあがた》・今のみやま市）辺りに残った。守りに入らざるを得なくなった邪馬台国にとどめを刺すのは、攻撃的な神功皇后である。かつて、中国にまでその名を馳せた邪馬台国も、もはやこの時期には容易に滅ぼされたに違いない。邪馬台国が滅亡したのが三六〇年頃とすれば、前方後円墳文化が全国へ広がり始める時期とぴったり重なる。邪馬台国の滅亡は、弥生時代から古墳時代へ移る、画期であった。

三．邪馬台国滅亡の考古学的証拠

邪馬台国が滅亡した理由を、考古資料である前方後円墳が地域的に、また時期的にどのように推移したかを分析することによって、探っていこうと思う。

福岡県では三世紀後半頃からヤマトの政治的、宗教的影響を受け始め、前方後円墳や三角縁神獣鏡が少なからず出現し始める。三角縁神獣鏡が出土する九州の前方後円墳は次の四基である。

前方後円墳名称	所在地	築造時期	出土の三角縁神獣鏡
那珂八幡古墳	福岡市博多区	三世紀中葉	三角縁五神四獣鏡
石塚山古墳	福岡県苅田町	三世紀後半	椿井大塚山古墳と同笵鏡　七面

一貴山銚子塚古墳	福岡県糸島市	四世紀後半	日本製の三角縁神獣鏡　八面
赤塚古墳	大分県宇佐市	三世紀末	九州最古古墳　五面出土

一方で、八女などの筑後地方では、前方後円墳は四世紀後半から五世紀以降になる。また、熊本県北部で最初に前方後円墳が現れたのは、玉名市の山下古墳や天水大塚古墳などで、四世紀中頃のことだった。

この二基の前方後円墳に、三角縁神獣鏡の出土はない。

山下古墳	熊本県玉名市	四世紀中葉	全長五十九m
天水大塚古墳	熊本県玉名市	四世紀中葉	墳長七十m　三段築盛

と言うことは、筑前の筑紫国と、筑後・肥後の邪馬台国勢力とは、別々の勢力だったと言えるのではないか。また、前方後円墳の出現時期を見てみると、福岡平野の古墳は三世紀中頃であり、邪馬台国に関係する筑後平野や熊本県北部の古墳出現時期は四世紀中頃以

降である。つまり、同じ頃、神功皇后が邪馬台国を滅ぼし、その勢力が熊本県北部に前方後円墳を築造したと考えられる。

このことは、筑後の邪馬台国が筑前のタラシ系勢力に滅ぼされたと言う事実を如実に物語っている。

四．ヤマト王権の国家統一まで

邪馬台国が滅んだのを三六〇年頃と想定した。この時期の日本列島を俯瞰《ふかん》すると、九州には筑紫国（タラシ王朝）、畿内にはヤマト国（三輪王朝）が存在するが、列島を統一する王権はまだ存在していない。出雲、吉備、越、尾張、毛野などにも地域王国があり、相互に経済交易、宗教的文化的交流を行っていたと想像する。

筑紫国（タラシ王朝）の神功が邪馬台国を滅亡させたあとに、神功、応神による朝鮮半島への侵攻が行われる。景行から続く筑紫国（タラシ王朝）は、版図拡大指向が強かったのだろう。朝鮮半島では百済との同盟により三九一年の新羅の制圧（好太王碑）は成功する。しかしその後、高句麗から攻められ、四〇四年には大敗することになる。この大敗が列島統一のきっかけになるのだから、歴史はおもしろい。

ここまで、初代神武、十代崇神、十二代景行、十四代仲哀の妃である神功をすべて実在するかのように記述してきた。最後の最後でどんでん返しのようだが、実在したのは十五代応神以降とすべきであろう。とは言え神武から神功までは、親子などの血縁関係があったかどうかは極めて怪しいものの、記紀の登場人物に相当する人が、そこに描かれた活躍をしたのだと、私は確信している。（注9）

日本と言う国がいつ統一されたのか、その時期については統一の時期を七世紀、五世紀、三世紀とする、いわゆる七五三論争があるが、この国を統一したのは畿内の王権であることに異議はない。ヤマト王権は奈良盆地の纒向に生まれた地域王国（クニ）を起源とし、各地の地域王国とも連携しながら、前方後円墳と三角縁神獣鏡によって地域王国連合の盟主となり、やがて全国を統一する。

この国家統一の礎《いしずえ》となったのは、筑紫国の応神である。

十五代応神は高句麗に対抗するため、次の理由で筑紫から河内への東遷を決断した。

①日本列島東方の未開の地を開拓して経済的及び、軍事的資源を入手する。

②本拠地を朝鮮半島からより遠い地に移し、防衛に万全を期す。
③国力をさらに高めるため、列島統一を視野に入れる。統一には地理的に有利な大阪平野を選択する。
④以上を実現するために、同じ天孫系で縁戚関係にあるヤマト国の三輪王朝と連携する。三輪王朝から河内王朝への古墳文化の継承はその証例である。

このように見てくると、応神の壮大な計画と緻密な戦略が浮かび上がってくる。応神の筑紫での即位は三九〇年頃であるが、四一三年の倭王讃による東晋への遣使は、応神の子で倭の五王の一人、十六代仁徳と推測する。二六六年に筑紫国王が西晋へ朝貢以来、百四十七年振りの朝貢の意味は重く、そのあとの倭の五王の遣使と同様に、朝鮮半島の覇権を東アジア全体へアピールしている。それゆえ、河内王朝の成立は四一三年以前の四一〇年頃とするのがロジカルな考え方であろう。

列島の統一と言う背景がなければ、倭の五王による東晋、宋、南斉、梁への遣使や巨大古墳の築造は説明できない。

十五代応神の東遷と河内王朝の成立は国家統一の中間指標《メルクマール》であり、明治維新や戦国から徳川幕府の成立までと並んで日本史のクライマックスと言える。

ヤマト王権への国づくり構想《グランドデザイン》を描いた応神に辿りついたこの時期をもって、本稿の区切りとしたい。

注9

神武も崇神も一般的には「天皇」と呼ばれているが、本稿では文献からの引用などを除いて、原則として「天皇」の呼称を用いていない。日本で初めて天皇と称されたのは第四十代天武天皇と言われており、それまでは大王と称されたことがその理由である。違和感を持たれる方もおられるだろうがご理解いただきたい。

あとがき

一．まとめ

邪馬台国を論ずる場合、邪馬台国の存在意義や、日本という国の成立過程に言及しなければ、それは単なる里数と方位の謎解きになる。まず、邪馬台国の存在意義であるが、本稿を書き終えてみると、「邪馬台国小国論」になっていることに気づく。しかし、「山高きが故に貴からず、樹あるを以って貴しと為す」と言われるように、邪馬台国はたとえ小国であっても、その樹は大樹であると考えたい。では「樹」とは何か。それは「王権の魁《さきがけ》」であろう。王権とは、行政、司法制度を有する世襲制リーダーである。厳密に言えば律令制度ができて初めて王権と呼べるのだが、邪馬台国は租税、刑罰、行政官などの制度、機関を持つ、と魏志倭人伝には書かれている。邪馬台国はヤマト王権とは直接つながってはいないが、「王権の基礎を築いた」ことが邪馬台国の存在意義であると結論づけたい。もう一つ、本稿が謎解きで終わっていないことは、邪馬台国とは独立して存在した筑紫国にスポットライトを当てつつ、神武と応神による筑紫からの東遷を経てヤマト王権が成立し、「日本」と呼ばれる統一国家が形成されたとの論考をしている点からも、ご理解いただけるのではないだろうか。

二・師の説になななづみそ

本居宣長の著作に「馭戎慨言《ぎょじゅうがいげん》」と言う歴史書がある。

安永七年（一七七八）に完成、寛政八年（一七九六）四月に刊行された。本居宣長は邪馬台国について、九州の熊襲による偽僭説を提唱した。大和朝廷（邪馬台国）とは全く別で繋がることはない王国を想定し、筑紫（九州）にあった小国で神功皇后（卑弥呼）の名を騙《かた》った熊襲の女酋であるとするものである。

本居宣長の作品には「馭戎慨言」以上に有名な「玉勝間」がある。この中に、

「師の説になづまざること」

と言う名言がある。「なづむ」とは、「こだわる」と言う意味である。

宣長の一番大事な教えといっても良い。先生の説の誤りに気づいたら直しなさい。先生の説に「なづむ」ことなく先に進みなさいと言う教えである。

宣長と並んで、邪馬台国について論述のある新井白石も、その著書「古史通或問《こしつうわくもん》」の中で、邪馬台国の位置を大和国と主張したが、後に著した「外国之事調書」では、筑後国山門郡説を説いた。白石でさえ自説を改めている。

三、謝辞

本稿では、生半可な知識のアマチュア古代史愛好家が、分かったような顔をして愚説を述べてきた。先賢の方々に敬意を表しつつも、定説に「なづむ」ことなく、知らず知らず書いてしまった文中に、失礼な表現があればここでお詫びしたい。

そして最後になってしまったが、本書の刊行にあたって多くの助言とご指導をいただいた、編集部の宮田敦是氏をはじめ、株式会社文芸社の皆様に心からの謝意を表したい。

紀元前一〇八	漢の武帝が衛氏朝鮮を滅ぼし楽浪郡など漢四郡を設ける。
五七	倭奴国が後漢に朝貢。光武帝は金印「漢委奴国王」を贈る。
一〇七	倭国王帥升らが後漢に朝貢。
一四六〜一八九	この頃、倭国大乱（桓霊間倭国大乱）
一九〇？	卑弥呼が倭国の女王に共立される。（本稿推定）
二〇四	公孫氏が帯方郡を設置する。
二二〇	後漢が滅亡、魏が興る。
二三七	公孫淵、魏と対立し「燕王」を自称する。
二三八	魏が公孫氏を滅ぼし、半島の支配を確立する。
二三八	倭女王（卑弥呼）は大夫難升米を魏に遣わし、朝献する。
二三八	卑弥呼は「親魏倭王」の金印を授けられる。（現物が届いたのは二四〇年）

二三九	魏の明帝が急死。
二四〇	魏が帯方郡の建忠校尉・梯儁《ていしゅん》らを倭国に派遣。（一回目）
二四三	卑弥呼が魏に使者八人を派遣。
二四五	魏は倭の難升米を詔し黄幢を賜る。
二四六	魏、馬韓と戦う。帯方太守・弓遵が戦死。
二四七	魏が塞曹掾史・張政を倭国に派遣。（二回目）
二四八？	卑弥呼死去。（本稿推定）
二五〇？	卑弥呼の宗女壱与が王となる。（本稿推定）
二六五	魏が滅亡、晋（西晋）が興る。
二六六	倭人（通説は壱与。本稿では筑紫国王と推定）が西晋に使節団を派遣。
二八五？	陳寿（二三三〜二九七）により「三国志」が完成。
三一三	楽浪郡が高句麗に滅ぼされる。帯方郡は三一四年滅亡。
三四六	百済が中国書に初出。

三五六？	新羅建国。（〜九三五年）
三六〇？	邪馬台国が神功に滅ぼされる。（本稿推定）
三六九？	倭が朝鮮に出兵し加耶諸国を支配。（日本書紀）
三七二？	百済王より七支刀を送られる。（年次は諸説あり）
三九一	百残（？）・新羅が倭の支配下。（好太王碑）
三九七	百済の太子腆支《てんし》が倭国へ人質として出される。（三国史記・日本書紀） 腆支は日本書紀では直支王《ときおう》。
四〇四	倭（本稿では筑紫国と推定）が高句麗に大敗。（好太王碑）
四一〇？	応神が筑紫から東遷し河内王朝を開く。（本稿推定）
四一三	倭王讃（本稿では仁徳と推定）は高句麗と並んで東晋に朝貢する。 （晋書安帝紀、太平御覧）

著者プロフィール

田沢 正晴（たざわ まさはる）

1954年名古屋市生まれ。慶応義塾大学法学部卒業。自動車メーカーに約40年勤務。

福岡市に単身赴任中の2005年頃に、邪馬台国関連書籍に出会い、九州北部の遺跡、博物館巡りをするうちに、古代史に関心を持つようになる。名古屋市在住。

邪馬台国へ一直線。

2023年4月15日　初版第1刷発行

著　者　田沢 正晴
発行者　瓜谷 綱延
発行所　株式会社文芸社
〒160-0022　東京都新宿区新宿1－10－1
電話　03-5369-3060（代表）
03-5369-2299（販売）

印刷所　株式会社フクイン

ISBN978-4-286-27080-7